公路里的中山

——中山公路建设亲历者口述回忆

中山市公路局　主编

图书在版编目（CIP）数据

公路里的中山 : 中山公路建设亲历者口述回忆 / 中山市公路局主编. — 广州 : 广东人民出版社，2019.7
（中山改革开放口述史丛书）
ISBN 978-7-218-13416-1

Ⅰ. ①公… Ⅱ. ①中… Ⅲ. ①道路建设－概况－中山 Ⅳ. ① F542.865.3

中国版本图书馆 CIP 数据核字（2019）第 045180 号

GONGLU LI DE ZHONGSHAN——ZHONGSHAN GONGLU JIANSHE QINLIZHE KOUSHU HUIYI

公路里的中山——中山公路建设亲历者口述回忆
中山市公路局 主编 　　　　　　　　　　版权所有　翻印必究

出 版 人：肖风华

责任编辑：李锐锋
特邀编辑：杨欣月
装帧设计：蓝美华　吴可量

统　　筹：广东人民出版社中山出版有限公司
执　　行：王　忠　吕斯敏
地　　址：中山市中山五路1号中山日报社8楼（邮编：528403）
电　　话：（0760）89882926　　（0760）89882925

出版发行：广东人民出版社
地　　址：广东省广州市海珠区新港西路204号2号楼（邮编：510300）
电　　话：（020）85716809（总编室）
传　　真：（020）85716872
网　　址：http://www.gdpph.com
印　　刷：广东信源彩色印务有限公司
开　　本：787mm×1092mm　　1/16
印　　张：16　　　　　　字　　数：191千
版　　次：2019年7月第1版　2019年7月第1次印刷
定　　价：55.00元

如发现印装质量问题影响阅读，请与出版社（0760-89882925）联系调换。
售书热线：（0760）88367862　　邮购：（0760）89882925

编委会名单

指导单位： 中山市公路局
　　　　　　广东人民出版社
　　　　　　中山日报报业集团

主　　任： 刘文勇
副 主 任： 黄建文　徐家发　杜圣友　高锐祥　叶南平　黄永前
编　　委： 何敏智　吴焕湘　陈　瞩　邹　金　袁展超　吴海成
　　　　　　简国樑　崔剑龙　梁小梅　李仁华　黄宇球　曾广成
　　　　　　冯洪胜　梁威航　廖志锋　郭伟权　黎丽华　吴颖图
采访统筹： 苏帼敏　林樱桦
文字统筹： 罗咏婵
采编人员： 张逸聪　陈奕柔　谢紫祺　周善珊　梁剑婷　曾洁雯
　　　　　　王佳彤　许雯雯　易　娟　林晓莹　赵翠雯　陈嘉敏
　　　　　　黎妙华　陈苑营
图片提供： 冼立初
历史资料提供： 林樱桦

序　言

刘文勇

一

2018 年注定是一个值得纪念的年份：中国改革开放 40 周年、中山升格地级市 30 周年、中山市公路局成立 30 周年。

在跌宕起伏的历史长河中，中山公路 30 年的历史说长不长，说短不短。30 年的风风雨雨，30 年的砥砺前行，30 年的不忘初心，中山公路人一直在通往理想的道路上披荆斩棘、默默前行。

2013 年初我到中山市公路局任职。任期间，中山公路人未曾停止追求理想的步伐，一步一个脚印向前迈进，实现国省干线公路"一盘棋"的管理。在 2016 年广东省公路养护管理大检查中，中山市公路局取得了全省综合成绩第一名、国省道干线养护管理第二名等好成绩。

回首往事，中山公路人是应该记住过往的点滴，以便了解一段完整的公路建设历史。很多时候，埋头苦干、不擅言说的公路人用只言片语记录下的数字和事实，似乎显得有些呆板和生硬，掩盖了背后那些鲜活动人的故事。

机缘巧合，在"中山改革开放口述史"丛书中，中山公路人找到了一个讲述自己历史的出口，并浓墨重彩地注入了"公路元素"。

二

30年来，中山公路人在沙尘滚滚的路面上作业，在风里雨里穿行；现在，他们在字里行间深情回忆往事，在历史长河里俯拾信念。

从380多名中山公路人中，我们挑选了29位平凡又朴实的职工代表讲述中山公路人的故事。大家坐下来回首当年，诉说尘封在铿锵岁月里的往事，复盘存在内心深处的个人故事，恢弘中山公路人的集体回忆。

事实上，中山公路人所经历的每一个年头都有说不完的人和事。30年来的第一次集体诉说和整体梳理，将这段不长不短的历史娓娓道来，这是何等的珍贵，又是何等的幸福。

在这些看似平平淡淡的口述稿里，那些一起修过的桥，一起走过的路，从记忆里鲜活起来的故事，有血有肉的公路人形象，读者不仅仅能近距离触碰到时代发展的脉搏，更能体会到中山公路人的历史担当。

三

过去与现在，当下与未来，正是在这些前前后后、千丝万缕、错综复杂的关联中，中山公路人讲述了一个个数字背后微不足道的故事，一段段记录后面难以忘怀的精彩。

这些精彩的故事，不仅构成一篇篇可读性强、启迪性大的温暖故事，组合成一幅幅无声感人的中山公路画卷，还勾勒出中山政治、经济、社会、生活的一个又一个横断面。

翻读厚厚一沓散发着油墨香的书稿，我们读到了中山公路人的坚定理想信念，读到了中山公路人的艰苦奋斗精神，读到了中山公路人的温暖人文情怀……

四

随着一代又一代中山公路人年事渐高，中山公路建设的口述史整理工作刻不容缓。我们以高度的历史责任感，以"只争朝夕"的奋斗精神，抢救中山公路人的历史文化，所以就有了《公路里的中山——中山公路建设亲历者口述回忆》一书，也就有了"一切当下，都将记入历史"的书写。

历史是最好的教科书，历史也是最好的老师。这本《公路里的中山——中山公路建设亲历者口述回忆》一书，就是中山公路人的老师，就是中山公路人的教科书。

九层之台，起于累土。中山公路人将不忘初心、砥砺前行，一步一个脚印、踏踏实实干好工作，不驰于空想、不骛于虚声、勇于担当、锐意进取，保持旺盛工作热情和干劲，以新的更大作为开创中山公路工作新局面。

（作者系广东省中山市公路局党组书记、局长）

目 录

1　杨呈伟：我是中山市公路局首任局长

10　杨国强："技术宅"的公路情怀

18　徐家发：我是一位"新公路人"

28　吴金耀：我的公路人生

40　叶南平：有一种忠诚叫坚守

50　黄日煊：献给公路的大半生

60　刘间玲：一位老公路人的难忘岁月

66　梁小梅：做好平凡事也是精彩人生

78　黄华任：一个所长的成长史

88　梁威航：我是"路二代"

98　萧文广：公路建设的"老黄牛"

107　何　浩：最后的渡口留守人

115　尹辉元：择一事，终一生

122　谢顺钿：平凡养路工的闪光人生

130　关长根：一位军人副站长的转业回忆录

139　郭锡连：汗水谱写的公路人生

148　杨金爱：女工人成长史

154　郭帝容：身躯虽瘦小，铁肩有担当

160　邓倩养：不忘初心，方得始终

167　郑林桂：一名退休养路工的回忆录

173　洪海标：永远热爱，永远热泪盈眶

181　刘日恒：摸着石头过河

187　温国安：守候一生

193　阮社强：长路平坦，只因有人日夜坚守

200　陈献武：一位朴素的道班工人

208　李广有：门外汉到行家的三十一年

216　马建友：平凡的荣耀

223　朱育成：中山公路，未来可期

231　莫雪丽：家庭主妇到"路痴"的十六年

杨呈伟

我是中山市公路局首任局长

杨呈伟，1942年2月生，中山市三角镇人，共产党员。1992年3月至1995年6月任中山市公路局副局长（主持全面工作），1995年6月至2000年10月任中山市公路局局长；1992年6月至2000年10月任中山市公路局党总支书记。

初出茅庐，从教育局到交通局

我刚参加工作时，在教育局做过一段时间的研究，后来到了共青团团县委负责青年工作。1964到1965年间，中山县①成立了农村文艺青年宣传队，我那时候年轻，也算是一表人才，于是被抽调到了宣传队。其实我本人不太喜欢文艺，觉得太"娘娘腔"了，我更喜欢体育，但是组织需要，我就无条件地去了。一年多以后，"文化大革命"开始了，我被调回团县委，之后被安排去104干校工作了一段时间，又被抽调到石岐一中当教师。工作了一年多后，我渐渐觉得自己学历不够，带学生上课很有压力。我不想误人子弟，于是主动要求调离教育战线。

1971年，我被调到交通局当资料员，相当于现在的秘书。我是中

---

① 中华人民共和国成立后，中山县属佛山地区管辖。1983年12月，经国务院批准，中山县改为中山市（县级市），仍隶属于广东省佛山市。1988年1月升为地级市，直属广东省管辖。

中山市公路局办公楼（摄于二十世纪九十年代）

专生，在当时的交通局里算文化程度比较高的，局里所有的文书工作都交由我负责。除了整理资料，写写文章，我偶尔也会跟随局长下乡调研，这对我而言是很好的学习机会。后来交通局成立了运输总公司，下面分运输一社、运输二社、运输三社、放运站、三轮车社等。局里信任我，委派我担任运输总公司的副总经理，虽是"副"总经理，任命书上却在括号里注明：管全面的副总经理。这个运输公司没有设总经理一职，我便相当于"一哥"了。第一次当领导就是一把手，我心中既期待又忐忑。那一年，我34岁。

成为中山市公路局[①]第一任局长

1988年广东省中山公路局正式成立[②]。中山市公路局负责市内的国

[①] 中山市公路局的发展历经五个阶段，其前身依次为岐关车路公司（1927年至1949年）、中山养路段（1954年1月至1956年3月）、中山公路工区（1956年4月至1988年8月）、广东省中山公路局（1988年9月至1989年12月）、中山市公路局（1990年1月至今）。

[②] 广东省中山公路局成立后，隶属广东省公路管理局领导和管理，行政上接受中山市交通主管部门的领导。1990年，中山市公路局归口中山市交通局管理，业务上接受广东省公路管理局指导。

道、省干线公路工程建设、公路养护、路政管理和公路规费征收等工作。管养里程共 187.521 公里，其中国道 61.73 公里、省道 61.017 公里、县道 21.262 公里、乡道 43.512 公里。中山市公路局部门设置包括：办公室、政工人事科、计划财务科、养路工程科、路政管理科、法规科、安全保卫科、综合管理科、收费管理科、公路规费征稽所、东升公路养护所、三乡公路养护所、中山港公路养护所、古镇公路养护所[①]等。

当了 16 年的运输公司总经理，我积累了不少工作经验。在那个时候，局长普遍只有小学学历。而我作为一个中专生，学历多少也算是中上水平了。交通局长曾请我担任交通局的副局长，我不假思索便一口拒绝了。局长很讶异："副局长相当于副处级的职位，而你这个总经理只是正科级。"我回答他"宁当鸡头，不做凤尾"。我性格倔强，做惯了"一哥"，自然不想再当副手，这事也就作罢。

有一天，中山市交通局的林维找到我。他说，中山市公路局成立两年了，副局长分别由抓技术的杨国强和负责政工的郑启超担任，正局长的位置一直悬空。他想请我出任公路局负责主持全面工作的副局长。

我还记得任命书上是这样写的："经研究，同意杨呈伟同志任公路局副局长（主持全面工作）。"当时，公路局并无局长，主持全面工作的副局长，待遇只是副处级，但已经相当于公路局的第一把手了。于是，1992 年 4 月，我来到了公路局。

两年后，上级组织召开会议，讨论是否让我转正为公路局局长。会议投票时，我获得了全票支持。但林维又说："如果让杨呈伟转正，那就把公路局降为副处级的单位吧。"由于这一句话，我转正的事又

---

① 2010 年，古镇公路养护所成立。2011 年 12 月 30 日，古镇公路养护所更名为东凤公路养护所。

拖了一年。直到1995年，我才正式转正，成为中山市公路局第一任局长，享受正处级待遇。

稳定军心，期许美好前景

我去公路局时，职工人数还很少，大概一百多人，分成11个道班①，条件也比较差。很多人觉得公路局干的都是摆弄砂石的粗活，所以我们经常被人看不起。我上任以后，发誓要改变这个局面。我在运输公司当过总经理，对于公路局这样人数较少的单位，管理起来驾轻就熟，没有什么思想负担。

为了摸清单位情况，入职后我先调研了半个月，随后召开第一次全体职工大会。会议开始时，大家并不重视，气氛十分松散，有人低头说话，有人坐在窗台上跷着二郎腿，没有人认真听。我正襟危坐，严肃地说："我们公路局有很多发展机会，这不是随口说的，是我调查研究之后得出的结论。只要大家好好努力，我向你们许诺，半年内，你们的工资将会翻一番！"当时是上半年，职工的平均月工资500元左右。我说："争取在今年下半年，也就是10月左右，让所有职工的月收入突破四位数！我不需要红旗挂满堂，我只要你们的钱包满！"

说到这里，大家突然安静下来，四位数就是1000元，在当时是很高的收入。接着全场掌声雷动，大家都很受鼓舞，兴许是觉得跟着这个新来的局长日子很有奔头。

紧随时代，敢为人先

我上任时，国家正好开展学习邓小平"三个有利于"讲话。这"三

---

① 道班，指过班道员，铁路和公路养路工人的组织，每班负责一段路的养路工作。

1992年，杨呈伟出任中山市公路局副局长，为局机关办公大楼题字"中山公路"

个有利于"对我在公路局开展工作很有帮助。

那时经济不景气，很多企业都不盈利。政府提倡多种经营方式，重点发展公路工业。我本着改善职工生活水平的宗旨也在努力发展第三产业，并兴办了公路运输公司、公路标志公司、公路工程公司、公路钢结构厂、车辆修配厂、公路自动化设备有限公司等企业。这些企业规模不大，但都是按照自身行业的发展特点在运营，所以前景还不错。后来公路局改制，体制改革委员会的副主任杨庆棠找我谈话时说："你们公路局厉害咯，各个企业都赚钱。"其中，发展最好的是钢结构厂，在全国闻名，现在已经不属于公路局了，但还在为公路局免费培训人才。

铺设沥青路也是公路局的一大特色，我们帮地方铺设好公路后，只需将工程款的10%上缴，剩下的可以自由分配。这些政策福利对提高收入、改善职工生活水平起到了很大作用。当年（1992年）10月，我就兑现了所有职工的月工资不少于1000元的承诺。企业发展需要工程技术人员，我亲自开吉普车到湖南招了一批工程师和技术员回来，并抓紧时间为他们办理入户手续，留住了这批人才，现在他们都发展得很好。

当时公路局是全中山市福利最好的部门之一，我们的职工福利分房能得到百分之百的解决，当时很多单位还没有这种福利。年终奖我们能拿出二三十万元来分配，到了年终总结大会，奖品都是洗衣机、电视机、黄金首饰这些大件头。平时周末还会组织员工跳交谊舞。公路局成了人人羡慕的单位，大家都找各种门路要求进来，可是我把关十分严格，就算是上级领导的亲戚要来，如果不够资格，我也会找各种理由挡回去。

"大道班改革"也是我在任时提出的。我隐约觉得，随着社会的发展，公路建设单纯依靠人力铲沙、混合沥青是不行的，很难走得长远。分散的道班已经不能适应发展的需要，于是我把11个道班逐步合并为三大工区，分别是东升公路工区、三乡公路工区和中山港公路工区①。我把这三大工区"武装"好，配备好设备，使其可以独立运营，即使以后脱离了公路局，它们也可以独立生存。公路局只是一个管理机构，实际操作还得靠这三大工区，它们可以转变为三大工程公司，负责当地的公路建设，承接大的项目。近年来，这些工区的规模还在不断壮大发展。看着如今的成果，我感到十分欣慰。

两任局长都是我的学生

当时，跟我搭档的两个副局长分别是杨国强和郑启超，他们都是很单纯的人。杨国强是负责技术的工程师，郑启超管政工，我则管全面。我和杨国强经常一起下乡，有什么计划途中先商量好，回去后再和郑启超讨论决定，多数时候没有太大的分歧。我们三个合作多年，配合

---

① 2002年，东升公路工区、三乡公路工区、中山港公路工区分别更名为中山市公路局东升公路养护所、三乡公路养护所、中山港公路养护所。

2008年11月，中山市公路局局长邓杰钊（右）向前任局长杨呈伟（中）、李今永（左）汇报中山市公路局建、养、管、征等工作情况

默契，工作起来都很顺心。

  我不太喜欢应酬，每次有聚会，我都会找各种借口推脱，比如岳母生日，或者美国亲戚回来了等。后来，认识我的人会开玩笑说我怎么有这么多岳母。我平日也不喝酒，别人都笑我，说公路局有个不会开车不会喝酒的局长，我不以为意。实在推脱不了的活动，我会请杨国强代替我去。

  有趣的是，邓杰钊①和李今永②都曾是我的学生，而他们后来也相继成为了公路局的一把手。所以我们几个关系不错，现在还会偶尔在一起聚会。

功成身退，安享退休生活

  2002年，我满60岁，到了该退休的年龄。退休前两年，也就是2000年，市委组织部来人找我谈话，让我退居二线，通知我即将进行退休审计。那时是2月，我给市长打电话，询问能否推迟几个月再发通知，

---

① 邓杰钊，2006—2013年任中山市公路局局长、党委书记、调研员。
② 李今永，2000—2006年任中山市公路局局长、党总支书记、党委书记。

2017年1月20日，中山市公路局召开2016年工作总结暨党风廉政建设工作会议

因为国检[①]快到了，新接任的局长未必有我这么熟悉情况，待10月国检以后，我就退居幕后。市长同意了我的请求。

国检之后，我退居二线，正式开始接受审计。审计是很重要的一环，需要排队进行，有的甚至要拖两年之久。我便拜托审计局局长先对我审计，以便节省时间。审计进展得很顺利，账目清晰，完全没有问题，我给中山市公路局留下了一千多万元的"家当"。当审计局的章一盖上，我便和新局长说自己不再来上班了。我说："你新人事新思维新作风，我不干扰你。你什么时候需要我，就打电话给我，我随时回来配合。"从那一天开始，我正式开始了退休生活。

---

① 国检，国家有关部门依法对地方工作的全面检查和评估认定。

2018年6月,中山市公路局召开党组中心组理论学习会议,传达学习中国共产党广东省第十二届委员会第四次全体会议精神

后来,我还会偶然回公路局办公大楼走走看看。二楼挂着"中山公路"的几个大字,还是我刚上任时亲手所写;中山港养护所亭子上面的"畅明亭"三个字也是我想出来的。每次职工大会我都会亲自写对联,我问局办公室主任,他答道,"老局长放心,那些对联都给你好好保存着呢。"

回想我这一生,我来自三角高平,是穷苦人家出身的孩子,11岁就离家出外求学。我的家乡偏僻落后,从镇上到我们村子,要几次渡河,很不方便。现在通到高平工业区的公路就是我当公路局局长的时候修建的。现在我回乡时,乡亲们还会念叨:"没有呈伟哪里有那么好的路啊!"老人家说,修桥补路是积福的事情。我这一辈子,当做一场考试,也可以算交了一份很好的答卷了。

杨国强

"技术宅"的公路情怀

杨国强，1941年12月生，中山市沙溪镇人，共产党员。1983年3月至1985年3月任中山公路工区副工区长，1985年3月至1988年11月任中山公路工区工区长，1988年12月至1999年6月任中山市公路局副局长（其中1990年1月至1992年2月负责全面工作）。

"万金油"干部

我1963年9月大学毕业，学的土木工程专业。毕业后，我被分配到佛山市公路局，先在南海公路工区劳动一年，和工人一起干活，学习公路的养护操作技术。劳动结束以后，我在佛山实习了半年，之后又到中山公路工区实习半年。实习结束，我原本打算回到佛山市公路局，但那时中山很缺技术人员，整个工区只有两个技术员，一个在生病休养，另一个被调去珠海，领导就把我留下了。

我是家里的老大，小时候生活很贫苦，父母举全家之力供我上了大学，我弟弟只读到中学毕业，家里就没有钱再供他们继续读书了。

我念书时，政府有扶持政策，减免学费伙食费，路费和其他生活杂费自己负担。所以报志愿的时候，我没有考虑出省，而是选择了离家较近的城市。我觉得搞建筑的人很有前途，就填报了建筑学专业，

1975年,石岐人民大桥(后经加宽改造并更名为中山人民大桥)建成通车典礼

后来被广州的一所专科学校录取。

  我们学校的学制是三年,建筑学专业分成两类,一个是设计,一个是建构计算。后来学校以"调整、巩固、充实、提高"[①]为方针进行改革,合并了部分专业,我学习的建筑专业被改为土木工程专业。我的专业本来只用学习建筑知识,改革之后,还要学习公路桥梁、排水系统的课程。我觉得自己很幸运,这些新增的课程知识使我获益匪浅,给我之后的工作带来了很多帮助。

---

① "调整、巩固、充实、提高",是中国共产党在开始全面建设社会主义时期提出的恢复与发展国民经济的八字方针。

我刚到中山的时候是技术员，很多项目我都参与过测量设计，比如最初的石岐人民大桥，就是我和几个同学配合设计的项目。我们选用七十年代全国流行的"双曲拱桥"方案，用木板搭起了一座拱桥，现在看来简直不可思议。但那时标准低，这种设计已经很好。后来车辆增多，旧人民大桥无法承受压力，被拆除了，现在的中山人民大桥就是在原址重建起来的。

人民大桥的名字也有由来。建桥时，需要当地人民提供沙石泥土材料，还要出工出力参与修建，这座桥相当于是人民建造的，所以叫人民大桥。

1989年，我任中山公路局副局长一职，负责管理技术工作。当时有两个副局长，没有局长，有一段时间，我负责公路局的全面工作。1992年，杨呈伟同志调来当局长，我就转去专门管理生产技术，我本来就是搞技术的人，口才不行，更喜欢实干。

我感觉自己是个"万金油"，公路局大大小小的事我都参与过。八九十年代，公路局员工的文化程度普遍不高，我是为数不多的科班出身，算个文化人，所以领导也就把我当个宝，很多事情都交给我。当干部这么多年，我从没摆过官架子，很多事我都亲力亲为，从不麻烦别人。

绞尽脑汁赚口粮

我在任时，公路局主要有三大任务，分别是养、管、征。养就是公路的养护工作，道路整洁畅通是我们的目标；管就是管理公路局的全体员工；征就是养征，征收养护费用。

养征站不同于收费站，车辆每通过一次收费站，就要缴费一次。养征站的收费方式则是车主每年到车籍所在地的公路局缴费一次。

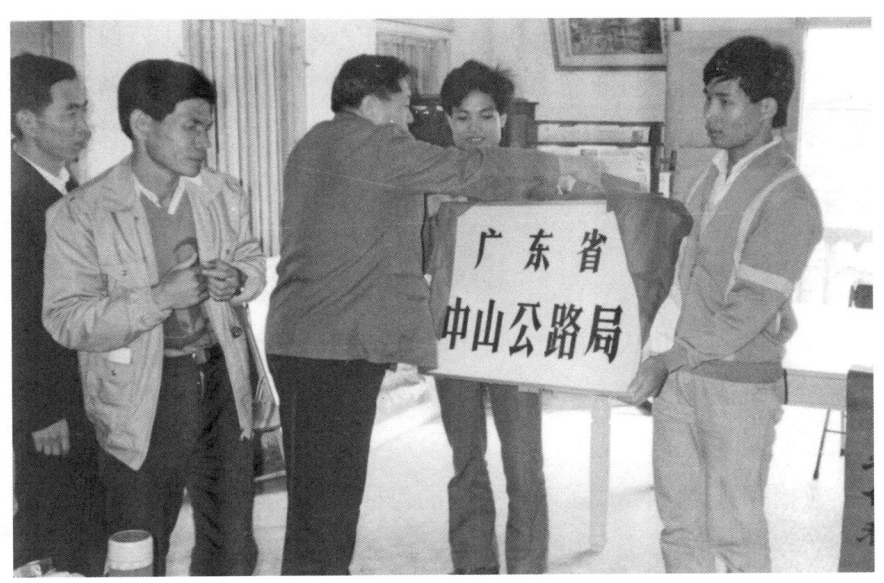

1988年,广东省中山公路局成立挂牌仪式。左一是中山公路局原党支部书记郑启超,左二是中山公路局原副局长杨国强,左三是广东省公路管理局原党委副书记陈进章

  1989年,我们的养护征收任务是1400万元,只要完成任务,局里可以提成500万元,这也是公路局几百名职工的"口粮",所以养护征收的任务尤其重要,它关系我们的实际收入,关系员工的吃饭问题。

  各届领导班子都很重视养征建设,局里其他部门还没普及电脑的时候,养征所的工作人员已经全部配置有电脑和通讯设备,外出也有专门的工作车辆。养征任务是块难啃的硬骨头,有些车主很抵触缴纳养路费,拒不配合,我们的养征目标却是逐年递增。1989年还是1400万元的任务,1990年增加到1600万元,2000年已经增加到14000万元,相当于十年前的十倍。当然,那时的车辆也比以前多出十倍不止。

  为了提高养征收入,我们想了很多办法。以前中山只有一个石岐征收点，每次养征站前都大排长龙，车主很有意见。为了方便市民，提高养征效率，1996年到1998年，我们依次在东升镇、三乡镇和火炬开发区设置征收点，给乡镇的车主提供了很多方便，他们不必专门到石岐排队缴费。设置征收点需要资金和人员的投入，我们的运作成本也相应增加。

我们平时会主动宣传，号召广大车主自觉缴费。此外，局里也在不断加强养征队伍人员的建设培训。上级部门批准我们可以在路边突击检查车辆的缴费情况，查到没有缴费的车辆可以按规定罚款，拖延缴费的时间越久罚款越多。

如果我们超额完成了养护征收的目标，超出的部分公路局可以自留，作为单位建设资金和职工福利，比如修建职工宿舍等。公路局基本解决了所有职工的宿舍问题，跟其他单位相比，这方面算是做得不错。

国道G105线东凤收费站监控室（摄于2008年11月）

烈日炎炎与高温沥青的双重"烤验"

中山的公路早期是沙土路,车一过扬起灰尘滚滚,养路工在路上作业实在是很辛苦。后来发展到沥青路,养护路面时,需要熬煮沥青。高温作业又累又危险,操作时沥青一不小心溅到身上,皮肤立刻就会起泡溃烂。我们要求养路工作业时一定要戴上防护手套,把身体裹得严严实实,不能裸露一寸皮肤。烈日炎炎的夏天,光是穿戴好这些防护装备已经满头大汗,更别说靠近100多度的锅炉煮沥青,想想都难以忍受。我刚毕业参加劳动的时候,有半年的任务就是煮沥青,风吹日晒,劳动强度非常大,半年下来,我瘦了一大圈。

为了减轻养路工人的负担,保障他们的安全,提高生产效率,我们只有努力实现养路工作的机械化。比如人工熬煮沥青,效率很低,从早忙到晚也完成不了多少任务。现在有专门煮沥青的机器,修补几十公里路需要的沥青量可以很快搞定。我们还建了一个沥青厂,将沥青在厂里加工好再运送到各个施工点。

社会经济不断发展,车辆数目迅猛增加,我们的养路工作也要顺应时代发展,不能故步自封。小范围的单打独斗根本没戏,后来进行的大道班改革,也是为了提高生产力,把养路工人从手工劳作中解放出来。改革以前,一个道班10个人,要养护10公里路,光是每天走完这段路就累得够呛,更别说还要干活。改革以后的大道班,每班配备扫地车、洒水车……一天就可以搞定四五十公里路的养护任务。

沧海桑田的公路发展

沥青厂的修建解决了公路养护的一些难题。后来,沥青厂附近新建了一个医院,又多出许多商住楼,居民开始抗议,说沥青厂不环保,不可以在那里煮沥青。沥青厂建在前，医院和商住楼建在后，但沥青厂必须为环保和居民的安全健康让路。不久后，沥青厂就搬走了。如何兼顾公路事业发展与环境保护，这是公路局未来发展要面对的重要课题。

前面提到的养护费用征收工作，现在已经停止了，其实也不是不收，只是换了个形式，改从汽油费和柴油费里征收。汽车加油所交的费用里有一部分要上缴公路部门，这比交年费的形式更加公平合理。汽车耗油多，等于在公路上跑得多，对公路造成的损耗也多，理应多负担养路费。听说有些国家的政策里，汽车轮胎的购买费用里也有一部分属于养路费。

但我也有一个疑惑，现在提倡环保，市面上出现了越来越多电动汽车。电动汽车不烧油，但对路的耗损和汽油车、柴油车是一样的。

杨国强近照（摄于2018年3月22日）

2018年11月22日,中山市公路局副局长黄建文(后排左四)带领局党支部党员前往对口扶贫点开展扶贫调研慰问活动

按照现在的政策,电动汽车相当于不用交养路费,这显然有失公允。也许国家会出台新的规定,比如电动汽车在充电站充电,按电费的比例征收。如果我自己在家安装一个充电桩,又该怎么管理呢?以后养路费该如何征收,也是一个课题。

我在公路局工作了37年,2001年退休。每隔两个月,一些公路局的"老人"就要回局里聚一次,大家聊聊从前的事情,都感慨现在的变化太大。

我一辈子跟公路打交道,退休了还会习惯性地关心这方面的信息。最近我看新闻上说,某省修建了一条不限车速的公路,这太不可思议了,路上的车还不飞起来?这个世界真是日新月异,我快要跟不上咯。

徐家发

我是一位"新公路人"

徐家发，1963年6月生，中山市南区人，共产党员。1978年参加工作，先在南区北台小学任教师，后到南区办事处工作，2007年10月调至中山市公路局任副局长，分管办公室及路政工作。

调来公路局之前，我对这个单位并不是很了解，对于我分管的具体工作、管辖范围也不太清楚。我过去在政府部门工作，对公路一行接触的很少，来到公路局，我是个新人，一切都得从头学起。

2019年1月，中山市公路局副局长徐家发（左）到退休员工家中进行慰问

中山市公路局办公大楼（摄于二十世纪九十年代）

面对新的环境与挑战，压力在所难免。初到公路局时，我感觉肩上的担子很重，责任很艰巨。为了尽快适应这份工作，我不断调整心态，一边实践一边学习。我的领导、前辈，或者我分管的员工，他们都是我的老师，是我学习的榜样，是我增长知识的来源。我很幸运，入职的时候遇到一群很好的同事，他们热心地把自己的经验分享介绍给我，在同事的支持与配合下，我很快就进入了工作状态。

我负责分管公路局办公室和路政管理科的工作。办公室工作比较简单，主要是一些上传下达、辅助协调的文秘工作，按照规章流程处理即可。路政工作,则要负责管理维护公路局下辖的所有道路,这项工作相对要求很高,不能每天坐在办公室里瞎指挥,必须多下基层学习,深入一线了解现场情况,还需要了解负责的具体工作内容,熟知相关法律法规,包括公路法、路政管理条例、道路安全管理条例等。我接手路政工作以后,经常带领下属员工去路面巡查,参与处理实际问题,从中提高自己的业务水平和领导能力。中山市法制局和广东省公路管理局每年开办的业务培训班,我也都尽量参加,并认真听课、做好笔记,培训之后再将学到的理论应用到实际工作中。

世界级难题——堵车

车辆的新增速度比道路的建设速度快得多,目前我们遇到的最大难题还是堵车,这也是全世界的交通难题。怎样才能解决堵车问题呢?我认为最起码要做到以下三点:第一要建设高质量的道路,减少修补次数,以保证道路畅通;第二是交通管理部门要科学指挥交通;最后一点,也是我个人认为最重要的一点,就是司机和市民要自觉遵守交通规则,否则即便道路再平坦宽阔,堵车问题一样会存在。交通拥堵的发生与部分司机素质低下有很大关系,他们在马路上争先恐后、左穿右插,唯恐落于人后,最后所有人堵在一个地方"死死不能动弹"。澳门地理面积小,人口密度大,车流量也大,虽然也存在堵车问题,但是那里的司机遵守交通规则,行车有序,就算堵车也不会堵很久。如果能做到我说的这三点,我相信堵车的现象一定会有所改善。

国道 G105 线中山段是中山的交通枢纽,由于近年来道路两边商铺、工厂、住宅楼的不断增加,对应的物流和车辆也随之增多,这条路段的利用率变高,成为中山的"黄金通道"。我刚到公路局的时候,国道 G105 线中山段每天通行的车次在六到八万之间,现在每天至少有

国道 G105 线东升路段

十二三万的车次,道路宽度不变,车流量足足增加了一倍。当初规划时,我们没有考虑到后续车流量增大可能带来的交通问题,由于该公路已经无法再加宽,车流量与日俱增,拥堵问题愈发严重。

东莞和珠海在这方面就做得不错,他们在初期规划时预留好发展空间,为以后的道路扩建做好准备,有利于未来的可持续发展。但每个城市有自己的发展特色,不能一概而论,我们要结合中山实际,因地制宜地借鉴其他城市的道路建设模式,推进中山公路事业的发展。

为了改善国道 G105 线中山段的拥堵问题,2011 年开始,我们逐渐在该公路北面的所有交叉路口修建跨线桥。建成之后略有成效,拥堵情况有所缓和,但是车辆每年增长的速度实在是太快了,这几年堵车问题又开始变得严重。为了建立一张更加科学、合理的交通网,有效解决交通拥堵问题,我们也费了不少脑筋深入调研,积极想办法缓解这个难题。

中山的"公路人精神"

道路与每个人的生活息息相关,俗话说"路通财通",公路发展是城市经济发展的基础。我刚入职的时候,公路局的管理目标是五个字:畅、洁、绿、美、安,畅是通畅,洁是整洁,绿是绿化,美是美化,安是安全。后来发展成四个字:畅、安、舒、美,即畅通、安全、舒适、美丽。

每三年,广东省会对全省公路进行一次全方位的大检查,每五年,还会有一次全国公路大检查。在公路局工作这么多年,我觉得中山的路面情况保持得非常不错。这么多年的广东省评比,我们始终保持在前五名。在两年前的全国公路大检查中,我们还获得了全省省道第二、

2016年8月,中山市公路局党组书记、局长刘文勇慰问一线养路工人

综合评分第一的好成绩。这些成绩是一代代中山公路人脚踏实地、艰苦奋斗得来的，我们的努力和付出使中山公路实现了真正的"畅、安、舒、美"。

公路局的工人不一定懂什么高大上的思想境界、艰深晦涩的人生道理，我觉得这个真的不重要，公路人的想法朴素实在，没有什么私心杂念，只想认真做好自己的分内之事。四季变换，无论艳阳酷暑还是数九寒天，为了管养好自己负责的道路，给市民营造一个干净整洁的道路环境，公路人始终坚守在自己的岗位上兢兢业业、默默奉献，这种"公路人精神"是值得尊敬和发扬的。

炎炎夏日，人们都渴望远离酷暑，享受清凉，而养路工必须坚持在路上作业。为了体谅他们的辛苦，我们会到现场给一线工人发放清凉饮料。单位食堂每天会为一线工人准备清热解暑的食物，比如清热汤水或凉茶。单位也会根据相关规定在高温期间发放现金补贴。我们希望通过这些方式，让他们感受到身处公路局这个大家庭中的幸福与温暖。

建设智慧公路

2010年，我们开始尝试无纸化办公。在此之前，传送文件都是由专人将打印好的纸质文件送到各个部门。无纸化办公实现之后，大部分文件资料可以通过网络传输阅读，既节省纸张，又提高了工作效率。

2013年，局里提出开展公路数字化管理的概念。经过几年时间的调研准备，我们已经进入智慧公路的第一期建设阶段，通过数字化、智能化的手段建立了包括路政、养护、应急等方面工作的一套系统。

在没有建立智慧公路的时候，全部的工作都要依靠人工。比如路政巡查队发现有人偷埋管线，以前处理这种事情的流程繁琐又漫长，巡查人员要拍下现场照片留作证据，填好纸质表格送交综合执法局，再等执法局派人处理。现在填表、汇报都可以通过手机APP进行，流程简化之后，办事效率有了很大提高，还节省了投入的人力物力成本。再比如接到群众投诉哪个路段有问题时，我们可以通过手机APP，瞬时定位事发路段的具体位置，及时制定应急方案。

这个项目才刚刚开始运转，未来还会有第二期、第三期，在这一项目的支持下，我相信中山公路管理事业一定会有质的飞跃。

亡羊补牢，犹未迟也

2012年8月，一部吊臂船不慎撞到旧沙口大桥，把桥身撞裂了一个窟窿。撞桥事故一发生，就有群众报警了。收到大桥被撞的信息之后，我立马驱车到现场了解情况，并如实向局主要领导汇报。随后根据险情，局里决定封闭大桥交通，以保安全。

中山有一新一旧两座沙口大桥，封锁旧的沙口大桥，意味着新桥要承担往来的所有车辆，交通压力之大可想而知。封桥之后，我们立刻请专业技术人员对大桥的损毁情况进行检测分析，随后根据检测报告采取相应的维修措施。我们当时的压力非常大，养护所的工人24小时轮流值班，协助指挥交通、抢修大桥，我们还将局里可调度的所有人员都派到现场参与维修。

大桥重新开通当天的凌晨四点，局里派出一百多位人员前往清理桥面卫生，完成最后的收尾工作，并于早晨七点半准时开通大桥。整个清场过程中，我们效率非常高，没有造成交通堵塞，也没有发生任何安全事故。在这么窄的桥面上，同时容纳一百多人和几十辆车，这个成绩很不简单。

这件事是近年来公路局遇到的最紧张刺激、也是给我留下最深刻印象的事件。我们投入的精力没有白费，在最短时间内完成了抢修工作，并尽可能把影响降到最小。这次事故前后总计花了两百万元左右的维修费。事故之后，我们吸取教训、认真总结，在大桥上安装了一个防撞系统，可以在后台清楚地监测到所有数据。船只经过时，一旦超过安全距离就会发出警示，船只必须马上停止行进。亡羊补牢，犹未迟也，安装防撞系统以后，到目前为止再没有发生过类似的严重事故。

甘当铺路石

这么多年来，我们始终秉持着"育优秀人才，练健康身心，创一流业绩"的工作理念。

育优秀人才就是希望公路局的所有员工都能够越来越优秀。我们会针对不同工种定期组织各种培训进修的课程，让他们在业务素质上获得提升。在思想政治教育上，人事部门每年会开设培训班，或者组织外出参观学习。平时我们会对好人好事进行大力褒扬，并及时指出和纠正不好的现象，以期通过这些方法抓好队伍管理，激励员工认真做好本职工作。

练健康身心就是为员工提供更多锻炼身体、陶冶情操的机会。公路局有各种各样的文体小组，比如小乐队、篮球队、乒乓球队等，我们有时候会组织内部活动，也会组队参与外面的比赛。除此之外，我们还会举办一些培训班，比如书法、摄影等，让员工在工作之外，通过适当的文体活动丰富业余生活，培养热爱生活的情趣，也可以增进人与人之间的关系与感情，提高员工内部凝聚力。

很多人认为公路局的人是做粗活的，与艺术一词沾不上边儿，这些都是刻板印象。我们局里有很多具有艺术天分的员工，他们都各有所长。2018年五一劳动节之前，公路局联合其他几个单位共同举办了"同是中心建设者"的摄影展，展出的很多作品都出自公路局一线员工之手。

以后我们会继续举办这类活动,为员工提供更多展示自我的机会,让大家在公路局产生强烈的归属感,找到自己的人生价值。曾经有一位员工对我说:"在公路局工作,工资虽然不高,但有一种归属感,我感觉自己是这个大家庭的一分子。"

创一流业绩就是用最高最好的标准要求自己,立足本职岗位认真履职尽责,努力把每一项工作做到最好。正是在这种理念的指导下,我们才能齐心协力,把中山公路事业建设得越来越好。

这些年我们新招了很多年轻员工,这些年轻人是公路队伍的新鲜血液,他们为公路局的发展带来了活力。同时,老一辈员工的工作经验和优秀品质也是公路局宝贵的财富。为了让新入职的员工尽快熟悉适应公路局的工作节奏与环境,让他们融入这个大家庭,我们会组织他们参与

2008年9月,中山市公路局副局长徐家发(左一)在第二届公路养护技能竞赛现场观摩、指导

"同是中山建设者"书画摄影展上嘉宾及领导合影（摄于 2018 年 5 月）

岗前培训，对业务内容、法规制度进行系统透彻的学习。各养护所还会为每个新员工安排一位经验丰富的老员工作为指导，以老带新，相互促进。

公路人的工作看似平凡，实则很有挑战性和成就感。这个地方本没有路，我们建一条路出来；这个地方的路原本不好，我们修好了。能够为市民出行的方便顺畅做出一点贡献，就是我们最有成就感的事情。

吴金耀

我的公路人生

吴金耀，1953年8月生，中山市三乡镇人，共产党员。毕业于中共广东省委党校行政管理专业，1972年参加工作，曾任中山市公路局副调研员、党委委员、纪委副书记、政工人事科科长、安全保卫科科长、工会副主席。

四十载公路人生

我是三乡人，父亲曾是中山公路工区的一名养路工人。当时国家招工有"子女顶替"政策①，1972年我一毕业，就接了父亲的班，顶职来到中山公路工区，成为了一名养路工人。那时我19岁，一进工区就是国家职工的身份，这一点让很多人十分羡慕。

刚入行时，我被分配到三乡道班。养路工干的都是体力活儿，我们的劳动强度很大，外出修路没有交通工具，基本靠步行，每天走二十多公里是平常事。补路用的沙土材料都靠工人自己肩挑手提，有的时候可以借助木斗车，木斗车很像三轮车，由大板车改装而来。

那时没有机械，所有工作基本靠人力。后来道班开始养牛，一定

---

① 子女顶替，又称接班顶替，是指父母退休、退职后，由其子女办理手续，顶替空下来的名额，进入父母原工作单位上班。二十世纪八十年代末，这一就业制度退出历史舞台。

吴金耀
我的公路人生

吴金耀近照（摄于2018年3月22日）

程度上减轻了工人的压力。比如沙土路养护工作中最重要的一步：回沙，就从人力回沙，发展到了牛力回沙。中山市公路局成立二十周年时印制了一本画册，里面记录了用牛回沙的情景：黄牛拖着铁刮，将路两边的沙收回中间。

我们的工作看似简单，没什么困难的地方，只要用心学习很快就可以上手，但也有一些技巧是需要反复练习才能掌握的。比如装沙上车——一样再日常不过的工作，只需用铲子把地上的沙铲起来抛上车，就这么一个动作，但是，如果没有掌握好力度与角度，沙土很容易在空中四散开。熟练之后，一抛就是一整块沙平平稳稳地落在车上，这关乎抛上去的力度、抛物线的弧度还有与工友的默契度等，这些都是长期积累下来的经验，熟能生巧。

我曾和工友一起住在道班宿舍，以前没有电视，我们下班后回到宿舍，洗个澡就上床休息了。忙碌一天，最开心的事就是洗澡，可以洗去身上的尘土和一天的疲倦。因为没有自来水，我们都是下河洗澡或者从井里打水冲凉。

道班的工作虽然辛苦，每天日晒雨淋，但是我从来没有想过转行。那个时候，劳动光荣，当工人比较受人尊重，国家职工还可以领取政府发放的薪水，这是很多人都羡慕的事。那个年代，人们就业的选择不多，尤其在农村，只有三条出路：读书、当兵、子女顶替，这三条路行不通，就只能回乡务农，过上面朝黄土背靠天的生活，能不能吃饱饭得靠老天爷赏脸。但国家职工就不同了，每个月固定有30到37斤不等的粮食供应。

在道班工作3年后，1975年，我被调到工区办公室，统计全工区两百多人每天的出勤率、工作完成情况、病事假登记等事项，任务复杂繁琐。这些数据在统计时容易出差错，很伤脑筋，工作时需要极强的耐心与定力。我接手统计工作时，没什么经验，也不太会打算盘。上一任统计员把办公室钥匙交给我之后就离开了，我还有很多不明白的地方，就骑着自行车去找他，希望他能指点一二。人家看到我下班后还骑着自行车过来求教，十分感动，他把所知道的东西都教给了我，还传授给我做好工作的窍门，后来，我的工作开展得也很顺利。七十年代，我用算盘计算，改革开放以后，我就拜托朋友在澳门买了计算器。现在已经基本没有人用算盘了，我退休后没事干就开了个珠算班，专门教人打算盘，让更多年轻人了解祖先发明的这种计算工具，顺便赚点零花钱。

后来领导安排我管理食堂，国家实行"粮食定量供应"[①]制度的时候，购买任何东西都需要票证，买米要粮票，买柴要柴证，买猪肉要

[①] 粮食定量供应，也称粮食计划供应体制，是指一个国家或地方在特定时期或特定的历史条件下，为确保居民的基本粮食供给而推行的粮食计划供应制度。

肉证，买鱼要鱼证，买布要布证……工区两百多个员工的各种票证都由我管理分发，必须登记清楚，不能有丝毫差错。我管理食堂的时候，从没有出现过短斤缺两的情况，工区职工都很老实，他们不会私自拿走一棵菜、一根葱，更不敢吃回扣，所以我的工作也比较容易。

我年轻时很有理想，不满足于只当上工人实现三餐温饱，我想拥有国家干部身份，想入党，向组织靠拢，凡是有培训我都积极参加。

后来真的"当官"了，可以说是机遇，我成长的过程中遇到了很多伯乐；也可以说是几十年来我自己的努力和积累，俗话说：机会总是留给有准备的人。

我很感谢公路局给我提供的很多学习机会。早期我去过中山市干部培训中心进修，后来又去过浙江大学、北京大学、清华大学、复旦大学接受培训。

1992年到2012年，我一直在中山市政府做义务工作，负责政务督办①。市政府领导对我做的督办工作很满意，直到2012年退休，领导还希望我留任。我婉拒了他的邀请，表示自己已经工作四十年，是时候说拜拜了。

拯救生命的3万元

当中山市公路局的工会副主席时，我遇到过很多家庭困难的职工，我都切身为他们着想，从实处关心他们，解决他们的实际困难。

工会负责所有员工的培训、教育，员工慰问及劳保福利，每人每年交30元年费就可以加入工会。职工平时看病拿着医院发票回来，工

---

① 政务督办是政府、事业单位中对工作、任务的督促、检查，以提醒承办人员及时办理，防止并克服积压工作、工作贻误现象，提高工作效率的一种有效手段。

会年终统一审核,按照一定比例报销。对于家庭困难的职工我们还会提供困难补助,不管干部还是普通工人,不管正式职工还是临时工,都一视同仁。只要有实际困难,单位都会伸出援手,这个福利一直延续到现在。

十年前,有个临时工去人民医院体检出身体有问题,医生要他马上住院,否则会有生命危险。可是住院需要3万元押金,他们家哪能一下掏出这么多钱呢。当时工会主席外出公干,这个问题就落到了我的头上。我向医院了解清楚情况后,马上请示领导,这是人命关天的事情,单位启动了快速审批通道,第一时间拿出3万元送去医院,最后那个工人身体康复,现在还在公路局工作呢。

说起工会的故事,那可是三天三夜都讲不完。为了丰富职工的业余生活,我们在"职工之家"里,开设了书法、摄影、绘画、舞蹈、瑜伽等各种兴趣小组,由专业老师代课,员工可以自由选择喜欢的课程。

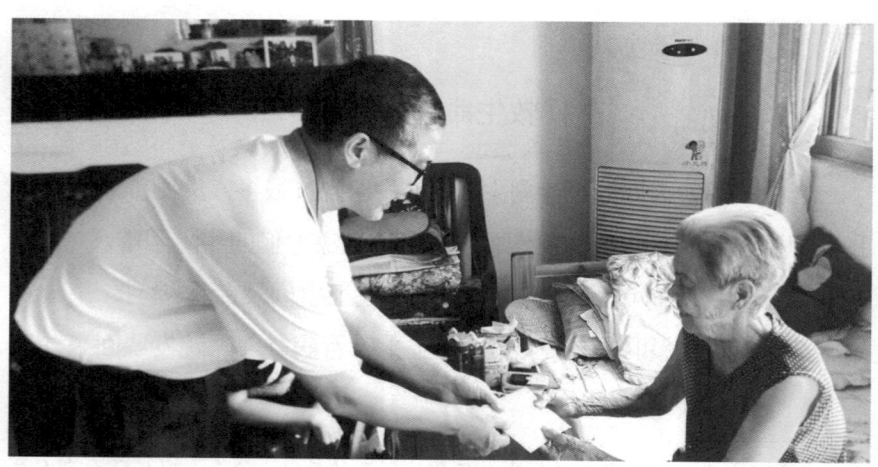

2018年7月,中山市公路局党组成员、副局长杜圣友(左)到退休员工家中进行慰问

2016年7月,中山市公路局庆祝建党95周年文艺晚会

工会组织的文艺活动,正式职工和临时工都可以参加。以前每个月我们都会举办一次生日晚会,当月生日的职工一起吃饭、看表演,他们所在部门的领导也要到场祝贺,让职工感受到大家庭的温暖。公路局还有艺术团,我是艺术团团长,里面的六七十个成员,会演奏各种乐器。艺术团经常去敬老院慰问,去对口的扶贫村和社区义演。

我们的工会办得有声有色,是全国示范工会,获过很多奖,有省级奖项,也有国家级的奖项。我们的"职工之家"是全省办得最好的单位之一。

我退休以后,也会时常回局里看看,每个职工见到我都像看到亲人一样,很热情地冲上来和我打招呼。我与所有人都相处融洽,这离不开为人处事的艺术。就像学音乐,同样学"do re mi",有的人唱得像百灵鸟,有的人吼得像杀猪,这里面都有学问。见到老人家、老工友,我把他们当做兄长问候关心;见到年轻人,我会询问他最近有没有进步,

公路养路工人闲暇时间主动学习党的十九大精神

鼓励他努力上进；职工生病的时候，除了派人送上慰问金，我还会亲自上门拜访慰问，嘘寒问暖。

心中有人民，什么事都好办。如果发现下属有什么不好的苗头，我会先对他进行诫勉谈话①，希望他明白我的苦心，接受批评意见，否则他向不对的方向发展，于公于私都无益处。就好像骑单车，你快摔倒的时候我上去扶一下，又可以继续前进。我培养的很多同事最后都走上了领导岗位，他们很尊重我。将心比心，你做得好，别人就对你好，做人做事都是这个道理。

人材、人才、人财

公路局成立之初，工作环境和设施相对落后，没有电话、电报、汽车等通讯交通设备，每当局里有重要通知，我就得提前一天骑着自

---

① 诫勉谈话主要是对有轻微违纪行为或有苗头性、倾向性问题的党员、干部进行谈话、诫勉教育，达到提前打招呼、及时提醒、教育挽救的目的。

行车到下属的各个单位通知，来回接近一百公里，要花一整天的时间。

现在工作环境变得越来越好，不仅有手机、电脑、汽车等各种先进设备，局里还修建了篮球场等运动场地供职工们锻炼使用，平时用来举办篮球比赛，不打球的时候可以唱卡拉 OK。

为了推动公路事业的发展，引进更多优秀人才，我们的招聘制度不断发生变化，对职工的素质要求也越来越高。一线养路工人现在必须拥有大专以上学历。我在任时，局里开设过一段时间的中专培训班和大专培训班，专门邀请北京的老师过来中山给员工授课。参加培训班的员工很多是小学或者初中学历，读完两年中专培训班就可以读大专。我们开设这个培训班，解决了 54 名一线工人的学历和工作问题。

最近几年，公路局招聘正式职工，是在网上公开招聘简章，注明岗位、要求、流程，应聘者网上报名后参加统一笔试，笔试合格后再安排面试，整个程序绝对公开公平公正，最后录取根据笔试及面试的综合成绩排名决定。

在干部队伍的培养建设上，我们也十分慎重，正职领导都要经过轮岗①，一般五年左右一换。我们很重视梯队建设②，为即将离退休的领导干部提前物色接班人，避免出现人才断层的情况。

我们引进人才，更要想办法留住人才。我刚入行时，工人的工资很低，根据级别月收入从 30 元到 80 多元不等。最近这些年，公路局职工的工资增幅很大，现在人均月工资已经达到 6 千元。

1988 年之前，我们还有职工分房的福利。以前没有住房公积金，也没有住房津贴，都是公家出钱买地盖房子，对职工的工龄、职位等

---

① 轮岗，又称职位轮换，指在同一政府工作部门内对担任领导职务和某些工作性质特殊的非领导职务的国家公务员有计划地调换职位任职。
② 梯队建设，为了避免人才断层，当现在的人才正在发挥作用时，未雨绸缪地培养该批人才的接班人，做好人才储备。

进行打分，按分数从高到低排序分房。领导会根据员工平时的工作表现再论证，分房榜单公布后，如果没人有异议，就代表榜单上的职工能成功分到房子。现在取消了福利分房制度，为了稳定员工队伍，我们出台了其他的福利政策。比如缩小临时工和正式职工的工资差距，正式职工每个月有100元奖金，临时工会有80元。临时工生病也不用担心，单位年终会按照标准报销一部分医疗费用，最多可以报销八万块。如果职工生大病，做心脏搭桥手术或者开颅手术，需要十万八万的医药费，单位会报销职工自费的八成费用。

中山市公路局之前叫中山公路工区，隶属于佛山市公路局。佛山市公路局每年根据中山公路工区的退休职工人数或者职工编制等标准，给中山五六个转正名额，我们内部讨论后再进行分配。

转正的考核指标包括三个：工作时间长短、工作表现、工作积分，对于在单位待的时间长的老职工，认真负责的先进个人和劳动模范，工作之余参加过很多社会活动和义工活动，以及有才华特长，比如会写文章、唱歌跳舞的员工，单位会优先考虑将转正指标分配给他们。

公路局的员工队伍多年来很稳定，还出了很多劳动模范，有六名职工拿了省级的五一勋章[1]，现在有两个还在职。多数员工都是从入职做到退休，很少有人中途离职。个别人因为找到更适合自己的发展道路而选择离开公路局，我也由衷替他们感到高兴。

止之于始萌，绝之于未形

1996年，我被任命为公路局安全保卫科的第一任科长。担任这一

---

[1] 五一勋章，全国五一劳动勋章和五一劳动奖状，是中华全国总工会授予在中国特色社会主义建设中作出突出贡献的劳动者和事业单位、机关团体的光荣称号，是中国工人阶级最高奖项之一。

2015年11月，养路工人在旧国道G105线废弃公路进行养护技能竞赛

职务的前提是要取得安全责任人证书，为此，单位派我去北京的一所交通学院封闭培训了三个月，考取证书后，我才正式上岗。

我任职期间，单位还算"太平"，没有发生过大的安全事故。这个"太平"不是侥幸得来的，是我们做好每个细节，严格遵守各项安全制度，层层把关的结果。我经常下基层检查工作，看见有不好的苗头就立刻将其"扼杀"在摇篮里。

一线工人在公路上作业，必须穿着统一定制的反光标志服和安全防护服，并在作业路段放置指示牌，告知司机"前方施工，请慢行"。我不会每天去施工现场监督，但是会不定时突击检查，对操作不符合规定的职工进行纠正批评，严重违反规章制度的职工还需要缴纳罚款、写检讨书、在会上作公开反省。

我碰到过一桩很棘手的事情，有一个外省职工受了工伤，他家里来了三四十位亲属"兴师问罪"，我只能好好安抚，一一料理他们的食宿以及职工的伤后赔偿问题。虽然事情最后解决了，但造成的影响十分不好。所以安全生产一定要以预防为主，出了问题，对单位和个人都不好，是双输的结果。

我事无巨细，经常向员工灌输安全的重要性思想，有些同志听多了不耐烦："你整天来，整天都说我，耳朵都起茧子了，有必要这么啰嗦吗？"我回答他："安全第一不能顾人情，第二不能说烦，需要经常教育。"我们要求各个班组、各个部门一星期召开一次安全会议，还经常邀请交警来给员工上课，讲解全市的交通安全状况，警醒教育公路局的司机或者员工提高安全意识，尽量避免事故的发生。

舍小家而为大家

在公路局工作这么多年，几乎所有的岗位我都待过，我感觉很充实，没有白白度过这四十年。

在我眼里，所有的部门都一样。有人说"生产科好呀，有工程，可以捞'大把油水'"。但我觉得，越是多"油水"的部门越容易出问题、犯错误，意志稍微不坚定就容易被腐蚀。我很有原则，为了避嫌，我从不让亲戚朋友掺和公事，为此，我老婆没少埋怨，但这是我做人的一条底线。有人说人事部的工作不好，容易得罪人，任务又繁琐。我笑道："我连妇女主任都做过，还怕干不了人事部的工作吗？"工作不分高低贵贱，不要挑肥拣瘦，否则什么都做不好，做什么都不会成功。

新婚没多久，因工作需要我被安排下乡半年，我二话没说就打点行李，骑着自行车下了乡，和农民同吃同住同劳动，半年没回家。那时没有电话，平时也没法和家人联系。工作就是舍小家为大家，我不后悔。

在工作上投入这么多的时间和精力，自然会缩减对家庭的付出。有一次，老婆生病住院，但是我坚持没有请假，每天下班后再赶回家给她做饭送饭，平时就麻烦亲戚帮忙照顾。后来，我老婆还总是念叨这件事。

我虽然退休了，也没有腾出更多的时间陪她，最多周末陪她喝喝茶、逛逛公园。我目前正在编写一本关于公路局发展历史的书——《中山市公路志》，这本书快完稿了。

公路局成立这么多年，历届领导都想组织人写一本书，记录中山市公路局的发展历程，但是最后都不了了之。有的领导知道我在写，劝我放弃，这项工作实在艰巨，许多资料已经遗失了。为了保证百分之百真实，我必须核实所有细节，逐字查阅档案。书出来之后，肯定不会令所有人都满意，但总要有人做这件事，我已经做好了被质疑的准备，我不会后悔。

相比这个工作的困难与可能受到的质疑，我更不愿看到中山市公路局这几十年的历史被人们遗忘，一定要有知情人把它记录下来。这件事，我有责任，工作量再大，我也坚持不放弃。我老婆心疼地说："为了这本书，你整个人都瘦了。"

时光如梭，中山公路人用汗水和担当，写就了中山公路的今天。现在条件越来越好，但我们从一穷二白的艰苦岁月中走来，根是忘不了的。我会不忘初心，也希望中山市公路局的发展越来越好！

叶南平

有一种忠诚叫坚守

叶南平，1960年3月生，广东省河源市龙川县人，共产党员。1978年入伍，1984年退伍后在河源市龙川县锦归乡政府工作，1992年12月调到中山市公路局工作，先后任公路局办事员、科员、副科长、科长、办公室主任、副调研员。

初来乍到适应快

我1978年当兵，在部队服役了五年。退伍后，我被安排在龙川县锦归乡政府工作。八年之后，也就是1992年12月，我调到中山市公路局工作。

我在乡政府时主要负责计划生育、农田保护、农业税催缴，以及指导农民开展农业生产等方面的工作。公路局的工作则与道路建设养护有关，和我之前的工作八竿子打不着。最初我被分配在人事科，后来转到安全保卫科，负责安全宣传、教育培训、现场安全检查和监督等工作，因为不涉及技术上的东西，只要思想上重视，就能够将各项工作做好。加上我是当过兵的人，遵守纪律，做事干脆利落、雷厉风行、说一不二，我很快就适应了公路局的工作。可以说，五年的当兵经历对我离开部队后的几十年人生帮助很大。

1996年之前，公路局共有11个道班，每个道班十人左右，养护点

2008年5月,国道路段大修,养路工人驾驶大型压路机进行施工作业

比较分散。为了适应机械化生产,实现集约化养护,局里将11个道班合并成三大养护工区,也就是当年全国推广的大道班制,相当于现在的养护所。从1996年起,基本每隔几年就会改造组建,直到形成现在的四大养护所和一个公路工程建设中心。

公路养护随着时代的进步而变化,公路经历了从泥路、沙土路、水泥路到沥青路的转变。沙土路质地松软,经过轮胎挤压,道路中间的沙土容易向两边流失,导致路面高低不平,车辆行走起来十分颠簸,需要人工把路边的沙土拨回中间的位置。养路工人每天都要做这个工作,十分辛苦。每逢雨天,沙土路上还会出现很多坑洼,车辆行驶在这样的路上很不安全,容易翻车,养路工要用黄泥混合沙土填平坑洼,从准备材料到铺路全部是人手操作。

后来，公路逐渐发展成沥青路。最初也是靠人工烧柴、翻炒沥青，现在全部实现了机械化操作，需要的人手越来越少，养路工人的负担逐渐减轻，终于得以从繁重辛苦的劳动中解放出来。

"小人物"也有大智慧

随着公路养护机械化的发展，我们需要不断引进新机器。引进新机器有两种途径：一种是自己上网搜索购买，另一种是商家上门推荐。同类产品的生产商家有很多，我们要公开招标，商家按照我们的需求和标准参与竞标，整个过程一定会保持公平公正，不掺杂任何感情成分，不依靠人际关系，一切走正规流程。

引进新机器后，商家通常会提供相应的培训服务，指导我们的员工操作使用机器。员工平时经常会参加局里组织的各种培训，学习使用起重机、推土机、压路机等机器。引进新的设备后，即使操作方法上有些许差异，我们的员工还是很容易上手。

养路工的职称分为初级、中级、高级等，员工都要通过定级考试，持证上岗。此外，为保证员工的专业水平，我们每年会有相应的素质提升培训，即工程技术人员的继续教育，所有员工都要参与。机械操作人员也有机械操作的培训，包括技术培训和安全培训。以前公路局职工的定级考试由省里的人事部门组织，为了将定级考试的组织权限下放到各市公路部门，2017年我们与广东省科研中心合作，以中山市公路局作为试点单位，启动了"全省公路系统"的项目。

为了鼓励员工发挥聪明才智，开展技术创新，我们还策划过一个"三小创新平台"，"三小"就是指小改革、小创新、小发明，这个项目现在已经结题了。我们的工人能力有限，大的科研项目可能很难完成，搞点小发明、小创造却不在话下。有了"三小"创新平台以后，员工可以发挥自主创造性对劳动工具进行改造。以前使用洒水车时，需要一个人站在车尾，拿着泵头对着绿化带喷水，这样既不安全，工作效率也低。我们的工人动脑筋想办法，在车头驾驶室里安装了一个操作平台，用来控制喷水泵头，通过这样一个小改造，既可以保障工人的安全，工作起来也更方便快捷了。

生财有道

在那个无论什么单位都可以办企业的年代，公路局借着东风实现了零的突破。我们曾经发展过公路工业，即开办一些对公路行业发展既有实际益处又能够赚钱的企业，比如公路钢结构厂、公路工程公司、公路车辆修配厂、公路汽车驾驶员培训站等。钢结构厂是生产建设钢桥等设施的材料。建设公路工程公司的目的是为了有大的维修工程时，

2007年7月，中山市公路局在中山市第三届合唱节中获得金奖

2019年春,中山市公路局副调研员叶南平(右)到何浩(中)家中进行慰问

不用将工程外包给别的单位,我们可以自己做。公路局有很多辆汽车,我们办了车辆修配厂,自己修理汽车,能省下不少钱,外面的汽车坏了来我们这里修理,还可以赚钱。驾驶员培训站也是一样的道理。

当时我们所有的企业都是盈利的,对员工待遇的改善提供了很大支持。包括福利分房,公路局的职工基本都能分到房子,这对辛苦一辈子的养路工人来说是很大的好事。不过后来全国性企业改革,公办企业转制为私企和股份制企业,那些公路工业公司就不再属于公路局了。

十多年前,公路局的党建活动和文化建设活动还没有现在这么完善。我入职时,中山市公路局的党建工作还归属市交通局管理,公路局只有一个党总支,支部不多,党员也少。2005年,在李今永局长的带领下，局里筹备、申请成立了公路局党委①。随着党员队伍逐渐发展壮大，机关现在有六个党支部，每个养护所都有一个党支部，还有一个建设中心支部及一个离退休党支部。

公路局多年来一直坚持"育优秀人才、练健康身心、创一流业绩"的核心文化，围绕这个主题，局里开展了很多文娱体育活动。通过参加这些活动，员工的身体素质有了提高，彼此间的关系更加融洽，对待生活与工作也更有激情和活力了。

以前公路局五楼有个卡拉 OK 房，既可以当会议室，移开桌椅也可以唱歌跳舞。我们卡拉 OK 房的音响设备当然不如私人经营的 KTV 那么专业，但很受大家欢迎，卡拉 OK 房每周还会对外开放一个晚上，周边的群众可以来这里唱歌娱乐。当时有卡拉 OK 房的单位不多，公路局是其中一个，算是比较超前，我们的员工也很自豪。

高效完成重任

从 2005 年到 2012 年，我当了七年办公室主任。在办公室时，我主要负责收发文件、档案管理、行政后勤服务等工作。以前无纸化办公程度不高，每个科室只有一台电脑，很多东西需要手写，收到的文件也要自己打印，由收发员送给领导逐份批阅。现在人手一台电脑，领导直接在电脑上批阅文件，即便出差在外也不受影响。

2013 年底到现在，我一直担任副调研员。2015 年开始，我负责分管养护管理、公路应急和科技教育等三方面工作。接手这些工作时，我并没有感到太大的压力，因为我们公路局有一批业务技术过硬、爱岗敬业、积极性很高的干部职工，有他们做后盾，我心里很踏实。

---

① 中国共产党中山市公路局委员会。

2012年10月到2013年11月,我担任基本建设科科长。期间,我经历了中山市公路局成立三十年以来的最大工程——沙朗到细滘大桥的改造工程。工程全长二十三公里,总花费十几亿元。这项工程是2013年的人大1号预案,意思就是政府把这个项目当做当年的第一件大事、第一件民生工程来抓、来落实,要求很严格。这个工程里,我

国道G105线东凤路段兴华立交桥

国道G105线坦背路段同茂立交桥

国道 G105 线沙朗路段

主要负责施工管理、招投标、施工过程及结算验收等任务。这个工程原本计划一年内完成，即 2014 年年底完工，我们提前了两个月完成。

七十天大桥抢修

我们有完善的应急管理制度、专业设备及团队。平时做好充分准备，才不会在关键时刻掉链子。遇到突发事故时，才能实现快速有效的应对。

"三防"，是指防台风、防暴雨、防地质灾害。中山这里山体大滑坡的事故很少，偶尔有些小塌方。暴雨台风是我们面临的主要问题，每到雨季或台风的多发季节，我们都会严阵以待。

每到汛期，我们会密切关注那些经常发生水浸的地点。2017 年，台风"天鸽"登陆当天中午十二点之前，中山市都没有发生道路中断的情况，养路工冒着风雨清理路面的树枝垃圾，保证了主干道的畅通。

公路里的中山
中山公路建设亲历者口述回忆

国道G105线沙口大桥

2018年7月,中山市公路局党组成员、总工程师高锐祥(右四)、东凤公路养护所所长梁威航(右三)慰问一线员工

2012年8月13日，一艘船撞上旧沙口大桥，肉眼可见只撞了一个窟窿，但是桥身是否能通车，有没有安全隐患从外面是看不出来的。中山通往广州方向有新旧两座桥，都是单向行驶，新沙口大桥是中山往广州方向，旧沙口大桥是广州往中山方向，如果旧沙口大桥封闭，新沙口大桥改为双向行驶，交通压力之大可想而知。

在缓解交通压力和道路安全之间，该如何考量呢？我们第一时间请示中山市政府，作出封桥的决定，又请来监察单位制定维修方案。桥梁维修需要通过中山航道局和中山海事局办手续，桥下维护要请专业队伍做好安全防护和交通维护的工作，交警要做好交通疏导，所有单位通力配合，只用七十多天就把大桥修好了。这是一次比较大的撞桥事件，也是一次很成功的应急行动。

站好最后一班岗

中山公路发展如此之快，不全是靠政府的资金支持。改革开放政策的实施，吸引了大批民营企业家投资公路建设，进一步推动了中山公路的发展。以前从中山去广州，坐船要一整夜，坐车要经过几个渡口，花费大半天的时间，现在只用一个小时就可以到达。

我在公路局这么多年，面临过大大小小的工作调整。但是万变不离其宗，每次变动我都能及时适应，做好自己的工作。

还有两年，我就要退休了。我虽然不是公路专业出身，但是我做了自己能力范围内可以承担的工作，完成了组织安排给我的任务。工作期间，公路局前后几任局长都对我很信任、很认可。这二十多年来我勤勤恳恳的工作，尽心尽力完成好自己的职责，未来的日子里，我也会一如既往继续努力，敬业乐业，坚持做好这份工作，带领我分管的科室同事认真完成工作，站好最后一班岗。

黄日煊

献给公路的大半生

黄日煊，1934年8月生，中山市石岐区人，共产党员，退休时为乡科级正职干部。曾任番禺市桥道班班长，中山公路工区党支部副书记、副工区长、工会主席，中山市公路局计财科科长。

入职一年，工人变班长

1953年10月，我入职中山市公路局，被分配到番禺市桥道班，成为了一名道班工人。印象中，在我刚进入公路局工作的时候，它还叫广中车路公司，其前身为岐关车路公司。岐关车路公司在新中国成立后是军管单位，军管结束之后变成了一家公私合营的单位。我在广中车路公司工作的时间只有两个多月。1954年1月，中山养路段成立，它的前身是广中车路公司的工程处。那时的中山养路段职能简单，只是一个养路机构，但它的管理范围很广，除了中山，远到三水、番禺、南海、珠海等地，广中车路公司有车营运到哪里，养路工人就要跟到那里工作。

刚到道班工作时，每天要上报工作成绩，统计做了什么、标准工[①]

---

① 标准工，完成的工作量与规定工作量的比例。

多少。比如，要求做10立方米的沙土，只完成了8立方米，标准工就按0.8计算。工人每天的任务很多，汇总起来很琐碎，有时候要统计到晚上11点。第二天将统计结果带去中山养路段，由办公室人员核算，检查是否有错漏。

由于工作卖力，表现优秀，1954年4月，我被提拔为道班班长。做班长每件事情都要以身作则，否则很难带动大家的工作积极性。那些辛苦的工作，我一般先自己尝试，验证完可行性后，再安排其他工友做。

早期的公路由泥和沙混合而成的材料铺就，养护难度很大。为了减少汽车经过时产生的摩擦，减少路面损耗，我们在路面上又铺了一层沙土，作为活动保护层。一开始做这种"加沙"的工程，由于没有经验，不知道该怎样有效地保护这层沙土。车辆行驶一段时间后，轮胎滚动挤压泥沙变形，使原本平整的公路上出现一级一级的沙梯。我们把这种问题路叫做"搓板路"或者"沙梯路"。

为了修复沙梯路，我们增加了一道"回沙"的工序：在一块木板上安好把手，两名工人配合操作，一人在前，一人在后，各负责木板的一端，一来一回用人力拉动木板，将路面上的沙土刮平整。做一次回沙的效果保持不了太久，一旦沙梯出现，又要进行新一轮的回沙。车次频密的路段经常需要进行回沙工作，交通流量不大的时候，这个工作就不需要进行得太频繁。我们花了很长时间摸索回沙的窍门，一开始没有找到规律，反反复复地做，效果总是不理想。后来我们统一标准，沙土路表面的磨耗层为30毫米厚的泥沙混合物，最上面一层浮动的沙为8毫米到10毫米厚，这样出来的效果是最好的。

平洲至白鹤洞路段通往广州，车流量很大，那个路段的沙梯最多。由于人力有限，回沙的速度往往跟不上沙梯出现的速度。直到1959年，

二十世纪六十年代，
养路工人用牛车回沙

我们开始用马代替人力回沙，之后又用牛，最后才改用机械——手拉机。因为马路很窄，开着手拉机走一趟就可以完成一次回沙，工作变得轻松很多。

袖子补衣服，补丁遍全身

回想起在道班工作的日子，每天都很辛苦。夏天天气炎热，新修的路两边也没有树，烈日当空，无遮无挡。工作一天下来，全身都湿透了，脱下来的衣服可以拧出水来，辛苦程度可想而知。

修路的工具也很简单，只有水桶、竹箩、锄头、铲子之类最基础的工具。单位拨的经费很少，修路的沙石也没有配给，只能靠养路工人自己上山挖沙石、下河淘沙制作修补路面的材料，途中遇到磕碰或者崴脚已是家常便饭。

我们会时常骑自行车到路上巡查路况。当时自行车很珍贵，一个道班只配给一辆，出行十分不便。我们和广中车路公司的司机关系很好，

黄日煊
献给公路的大半生

凡是公司的车我们都可以免费乘坐，只要顺路，司机就会载我们去工地工作。司机长期在外开车，对路况很熟悉，哪里的路烂了需要修补，和他们一交流就知道了，这样也可以提高我们外出工作的效率。

常年在户外劳作，出汗多，衣服磨损得特别快，我们的衣服总是破破旧旧的。如果衣服上有口袋，就把口袋剪掉用来补衣服上的洞口。如果有袖子，也可以把袖子剪下打补丁用，最后补到根本看不出衣服本来的样子。

二十世纪五十年代，养路工人一个月的工资只有28元。我是班长，比普通工人多出5%的职务津贴，算下来也只多出1元4毛，全部加起来还不到30元。那时的伙食费很便宜，1毛5分一餐，每天吃两餐，一个月9元钱伙食费。当时实行统购统销①的政策，每人每月的大米配给量只有30斤。工人的劳动强度很大，一个月30斤粮食肯定不够吃，所以每到月底，我们就去粮食局申请补助。有一次，我申请到了140斤大米，心里特别高兴。在那个年代，开心是一件特别简单的事，吃饱饭、有活干，我就知足了。

每当刮风下雨的时候，不管白天黑夜，所有员工都会自愿回来加班，随时待命做好外出抢修的准备，即使自己家里受灾了也无暇顾及。

台风暴雨天，经常有大树被吹倒在公路上，为了防止交通堵塞，我们需要尽快锯断倒树，搬到路边。没有电锯的时候，我们用的是一种叫"过江龙"的手拉锯。有时路上的倒树残枝数量太多，很难清理，我们只能不眠不休，加班加点地工作。遇上大暴雨，水渠排水不及时，水会漫溢到路面。被雨水冲刷过的公路是很容易损坏的，不论沙土路还是升级改建后的沥青路，遇到积水都很脆弱。如果碰到连续大雨的

---

① 统购统销，中华人民共和国初期的一项控制粮食资源的计划经济政策。

天气，数日积累的雨水甚至会把路一点点冲垮。

1960年出现大暴雨，北台村的路被冲断，只能游泳到公路对面。参与抢修的只有十几名工人，但我们效率很高，一边用泥填路，一边疏水。经过夜以继日的抢修，我们只用一天就完成抢修工作，使路面恢复了通车。

预防胜于修，及时清理路面积水、填平坑洞，就不至于在受到恶劣天气影响时手足无措。省里曾设立过一个奖项，哪些路段经过"两万五千车次无抢修"，负责该路段的道班就可以得奖。我所在的道班也得过这个奖。之后奖励的标准提升到四万车次、七万车次，到后来车流量逐渐增多，这个奖项就取消了。

"文革"期间回乡务农

1960年起，我任中山公路工区的党支部副书记一职，没几年就遇上了"文化大革命"。那段日子，各派忙着搞运动，路没人管，也没人修，我便回到老家神湾务农。乡亲还开玩笑说："干部下放劳动啊，你能挑吗？"我认真回答他："如果你挑100斤，我就挑100斤。你挑150斤，那我也挑150斤。要是去挖泥，你挖多少我也能挖多少。"不管什么时候，不管在哪里，我都认认真真，做好自己的分内之事。

"文革"结束后，我回到了中山公路工区，任办公室副主任，后来被提拔为副工区长。

早出晚归，老师家访的疑惑

早期，中山公路只有东线，即石岐—拱北一线，长40公里，东线历史悠久，抗日战争以前就有了。后来又修了西线，就是肖家村到石岐华佗庙的线路，长35公里。

黄日煊
献给公路的大半生

    1975年到1979年间，我参与沥青路的改建工程，这个工作比养路辛苦很多。前两年是改建石岐—小榄路段，后两年改建岐关西线。在改建石岐—小榄路段时，购买材料的经费只有8元钱，实在是杯水车薪。我们只能通过"义务建勤"①的方式，由当地单位提供沙石材料，并请义务工协助铺路，配合完成工作。

    当时，炒制沥青还没有实现机械化操作，只能靠人手工炒制，沥青的气味刺鼻难闻，加上长时间的高温作业，我们每天都累得大汗淋漓。炒制沥青时，通常一组4个人，用一桶17斤的油配上0.1立方米的沙子进行炒制，这些材料大概够铺5平方米的路。操作时，先划一块区域，将准备好的沙子堆在地上，再将油倒进沙里，用类似锤子的加热器灼烤材料，直到沙子从白色变成黑色。也可以将材料放进铁锅，一边用柴火加热一边搅拌。我们的工地管理很严格，条件艰苦的时候，铺路的材料能省就省。大多数人都很自觉，到了吃饭或者休息的时间，就熄灭柴火，这样既节约木柴也比较安全。

    后来出现了搅拌机，我们就将铁锅和搅拌机结合使用。操作时尘土飞扬，人们远远望过去，是不知道有人在其中干活的。工作结束之后，工友穿的衣服是什么材料、什么颜色都看不清了。

    铺设沥青路的工序很繁杂，所用材料由沙、油和固体沥青混合而成。我们先用石头把路面底层填铺好，用泥沙压平整，然后开始洒油，就像洒水车一样将油洒在路面，之后铺一层沙，用压路机压平路面，待下层的油翻上来固定住上层的沙，再用油混合沙铺一层在上面。油沙混合之后路的硬度才足够抗压，如果只浇油不盖细沙，那种路是不耐用的，而且容易打滑。只要多一个盖细沙的工序，整个路面的摩擦

---

① 义务建勤，是1956年国务院为缓解公路建设和养护资金不足矛盾制订的民工建勤政策，该政策的执行为中山县公路交通的发展起到积极推动作用。

养路工人在维修公路路面

力变大,这种问题就可以得到很好的解决。

  虽说沥青路的防水性能比沙土路好,但是沥青路的维护保养工作也不容易。尤其是质量差的路,需要维修的次数就更多了。铺路质量不好主要有两个原因。其一,熬煮沥青的时候,炒得不够黑、不够熟、不够均匀,残留有白色颗粒,这样在铺路时路面容易脱皮[①]。其二,有些工友为了图便利,不管油桶的限定边界,装油时装得过满,沙的数量是定数,油太多了沙一融化,熬煮沥青时就会起泡,修路时需要铲掉这些泡泡,用新的材料填补。还有基层强度不够时,车一压路面就龟裂了,这种情况必须全面维修,挖走黑泥或者软质的东西,添加硬料,用泥沙铺平地面、浇油、铺沥青,加强路面抗压力。

  以前铺沥青的方法和现在完全不同,对公路的标准和要求也不高,幸好那时车流量少,如果现在仍沿用当时的标准,恐怕不出一个月,

---

① 脱皮,是指沥青路面面层层状脱落的情况。

汽车就把沥青路面完全磨损坏了。那时没有任何机械，全靠手工劳作、肩挑背担，长年累月下来，肩膀都是肿的。

参与沥青路改建工程时，我已经是中山公路工区的办公室副主任了。我平日的工作，就是骑着自行车满大街跑，指挥养路工人工作。我家在石岐，施工的地方在沙朗，项目工程的大本营在坦背。所以我工作时间很长，每天早出晚归，有时候周末也要加班。因为是干部，我也没有加班费。

有一次，儿子的老师来家访，我刚好结束工作回到家，那时我皮肤很黑，头发很乱，一身都是油渣。她悄悄问我儿子："你爸爸是做什么工作的？也不像是搞卫生扫大街的……"

尽管养路工作辛苦，但我们会苦中作乐，内部组织一些文娱比赛活动，奖品只有一面小红旗。尽管只是自娱自乐的活动，但大家参与的积极性很高，都不肯服输，不吃不喝也要工作，都想争当第一名。

走在前列的养路费征收站

1982年下半年，中山公路工区开始征收养路费，并在石岐设置了第一个养路费征收站。二十世纪八十年代电脑还没普及，征收养路费时，所有车辆的信息，比如单位、车号等都靠人手写登记在册子上。那时很多地方还没设置征收站，这方面的工作中山是走在前列的。

1985年到1988年，我担任中山公路工区的工会主席。由于工作需要，我经常下基层和工友沟通，在每个道班都放了一个写着公路养护基本要求的指示牌。我们还要求工友在每天工作结束之后写工作日记，记录当天的工作任务，详细到担了多少沙，挑了多少水，铺了多少公里路等。每个季度我们都会组织评比、竞赛等活动，以宣传、鼓励的形式为主。评选制度十分严格，在公路养护、班组管理、班组卫生等各个方面逐一评比。

1988年，公路局成立计财科，我担任计财科科长，主要负责管理和计划财务。科里在年初就做好计划收入与开支的基本方案，确定养路费的计划征收数目。各个道班按计划申请拨款，一年下拨一次经费。当时的经费很少，餐旅费、医药费、工杂费、财务费等，按照计划拨款，一般都不会超支，如果有专项或特殊工程，就另外上报。

每一项收支，我都用本子记好，便于随时了解财务的运作情况。以前没有电脑，也没有计算器，只能用算盘。我们会不定期去道班审核单据开支，查阅数据是否合理、是否需要纠正等。

名利是浮云

我1994年退休，在中山市公路局工作了41年。退休之后局里又返聘我回去工作了6年，负责审计。直到2000年，我才正式离职。

黄日煊近照（摄于2018年3月24日）

1969 年，中山公路工区和中山汽车站合并的时候，有些人去汽车站上班，就不想再回到工区，我从没有这样的想法。1982 年，顺德工区曾请我当他们那边的工区长，我也推辞了，因为我放不下中山的工作。我一直觉得，做人做事要有担当，才能得到身边人的尊重与信服。

我喜欢骑自行车到工友工作的地方，做他们的"假军师"，看到什么都参谋参谋，出些点子。我和工友的关系很融洽，彼此聊天言语无忌。我做道班班长的时候，有一次骑自行车路过拱北，回来后，工友问我那边的路怎么样，我说还不错。他们就调侃道，要加一个"还"字吗？他们觉得自己做得很棒，是我的要求太高，加了一个"还"字，显得有点勉强。后来当了领导，我也没有什么架子，再回道班和工友接触时，他们还是很喜欢和我聊天说笑。

我的文化水平不高，只能尽自己所能做好工作，工作上也从不挑肥拣瘦，再困难的事情我都尽力做好。我的要求不高，也不爱争什么待遇名利。历任领导都评价我："你这人真的是靠谱，不为名不为利，交给你的事情都能做好，不用领导担心。"为中山公路服务 40 年，能得到这样一句评价，我也心满意足了。

刘间玲

一位老公路人的难忘岁月

刘间玲,1953年1月生,中山人,共产党员。1992年调动到中山市公路局工作,先后任人事科办事员、科员、副科长、科长、局党委委员、局纪委委员。2009年退休,现任离退休党支部书记。

我父母是广东顺德人,在我出生前,他们已经来到中山市三角镇工作。我在中山出生。从小学到高中,我都在中山念书,我大学考上广东行政学院的行政管理专业,毕业后回到中山工作。起初我在三角

刘间玲近照(摄于2018年3月30日)

农机厂当学徒，之后调动到三角镇卫生院，再后来又调到中山市玻璃集团公司工作。

1992年6月，我调到中山市公路局，成为人事科的一名办事员。工作几年之后，我先后晋升为人事科科员、副科长、科长，2009年退休。

调入公路局工作时，我主要负责劳动工资工作，遇到人员晋升或者变动、工资发生变化的情况，需要及时做好变动手续。这项工作很繁琐，一定要十分细致。升任副科长之后，我负责管理人事科的全面工作，劳动工资工作就由其他同事接管了。

"毛遂自荐"被录取

过去，养护所大部分一线员工的学历不高。为了解决这一问题，广东省公路管理局和中山市公路局组织开展技术业务培训，鼓励员工参加技术等级考试。考试合格的员工可以取得技术资格证书，并晋升工资级别。有的考试对工作年限有要求，不符合规定的员工没有资格参加。

很多一线养路工人大字不识几个，实在很难应付这种考试，积极性不强。为了鼓励他们主动参与，我们根据不同工种的实际情况制定了培训计划，联系广东省公路管理局和技工学校，邀请省、市有关院校及部门的老师前来授课，组织工人参加培训、辅导，并搜集相关资料帮助他们学习备考。到后来，越来越多工人开始主动报名参加培训。

2000年后，我们开始鼓励员工参加公路管理、养护管理等大专、本科的学历教育课程，并向广东省公路管理局培训部门申请，在我局开设公路管理等课程，使员工实现工作学习两不误。现在，公路局人员的整体文化素质、业务水平都有了很大提升。

人事部门还要做好人才招聘工作。我们会去高校招收应届毕业生，省局也会不定时推荐一些学生过来。到了毕业季，很多学生拿着简历到公路局毛遂自荐，如果从中发现条件优秀的学生，也会以这种方式招聘他们进入公路局。我很欣赏这些学生的自信，他们敢闯敢干，没有通过熟人关系找门路，而有勇气自荐参与选拔，这种有担当的人正是我们需要的。

九十年代初，我们还会通过熟人介绍的方式招聘人才。现在为了规范管理，公路局人员招聘要通过统一的国家公务员考试。招聘机关人员或事业编制人员时，人事科需要每年制定好招聘计划上报中山市人事局，将可报考的具体岗位、人数、专业要求等信息在网上或者报纸上公示出来。我们还会参加中山市人事局的人才交流招聘会，摆设报名摊位招聘人才。

按照市里的统一部署，我们每年会对全体员工从"德、能、勤、绩"四个方面进行考核，"德"是思想品德，"能"是能力，"勤"是考勤，也就是出勤率，"绩"就是业绩。考核的等级分为不称职、称职、优秀。

自学五笔打字法

我在职期间，单位有过很多次工资改革与调整。这些年来，公路局员工的工资不断上升。我听前辈说，以前一个月的工资只有15元、20元，现在20元钱可能还不够买一斤猪肉呢。

我最初做月工资统计表时，都是用手抄写工资表，将每个员工的名字、对应的基本工资、补助工资、应收工资等条目一笔笔抄在纸上，每个月如是。后来，局里开始有人使用电脑。我就想，每个月这样抄工资表，什么时候才是个头啊！这种方法效率低，又容易出错，我产生了学习五笔打字法的念头，并请计财科的杨再敏科长和办公室的冼锦明主任作为我学习打字的老师。那时的办公软件不够先进，操作起来很麻烦，我自己不太懂，经常拉着杨科长和冼主任帮忙解惑。后来市里开始组织电脑软件的培训学习，电脑办公逐渐成为我们的工作常态。

我调入公路局时，机关科室不多，只有人事科、办公室、计划财务科和养护工程科等几个科室。现在已经发展到十几个科室了。

九十年代初，局里为了发展公路事业，提高员工的工资待遇和福利，积极发展第三产业，先后办起了公路车辆修配厂、公路钢结构厂、公路自动化设备公司、公路运输公司等一批公路企业。那时我们根据生产发展的需要，招聘了大量员工。后来，全国性企业改制，这些企业也都转制了。

中山市公路局局机关工作人员合影（摄于2008年10月）

今非昔比的中山公路

从科级单位到处级单位，从十一个道班到现在的四大养护所和一个公路工程建设中心，公路局的人员素质不断提高，人才队伍不断壮大，管理日渐规范，机械化程度不断提升。我在公路局工作18年，亲历了它的巨大变化。

在公路局成立20周年的时候，局领导发动职工献策献计，征集20周年的公路标志，来展示公路局的形象。职工们踊跃参与设计，经过几层的筛选，局党委领导把关，评选出了一个最有代表性的设计，并制作成20周年纪念章。周年庆典当日，局里还召开了隆重的表彰大会，嘉奖纪念章的设计者及各位优秀员工。

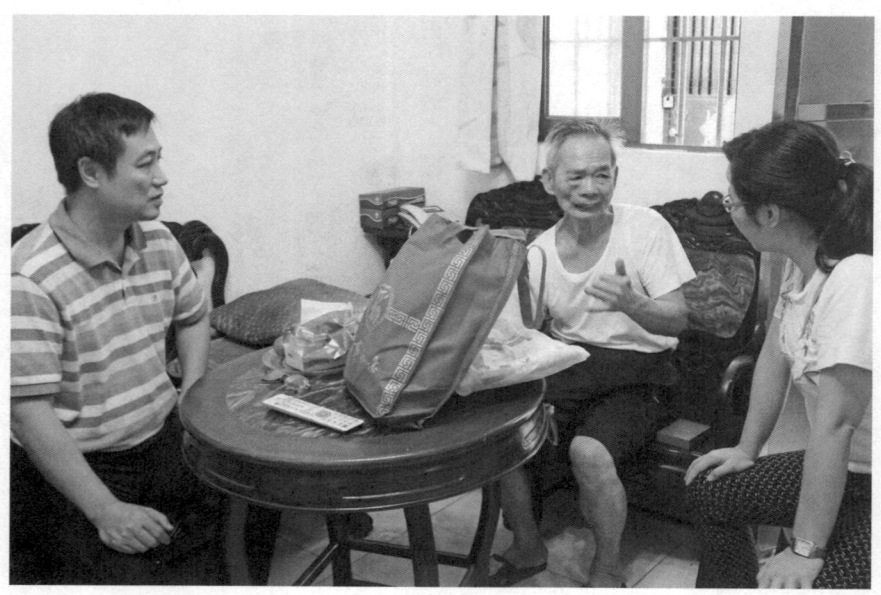

2018年7月，中山市公路局党组书记、局长刘文勇（左）带领慰问组到退休员工家中进行慰问

我退休前，除政工人事管理工作以外，党务、纪检监察、职工教育等很多工作都由人事科负责。为了壮大党员队伍，我们每年都会发展一定数量的党员，每个月经常组织党员学习活动，比如开展先进事迹讲座、观看教育片等。我2009年退休，现在是离退休党支部书记。我们退休党员每两个月会组织一次学习活动，学习国家最新政策以及重大会议的内容。

调入中山市公路局之前，我从事的都是党务、工会等方面的工作，这样算来，我做人事工作差不多30年了。进入公路局以后，我感觉平时工作特别充实、开心，科室同事间十分团结，工作氛围也很好。我相信，只要带着一颗真诚的心、一心一意、认认真真做好每件事，积极面对困难、解决困难，以积极耐心细致的态度为大家服务，努力就会被看到，也一定会有所收获。

时光飞逝，一晃这么多年过去，中山公路的今天是靠一代代公路人的默默付出与辛劳汗水写就的，我们这些老公路人也算圆满完成了自己的使命。我相信，中山公路的明天在新一代公路人的努力下一定会越来越好。

梁小梅

做好平凡事也是精彩人生

梁小梅，1966年7月生，中山市南朗镇人，共产党员。1994年进入中山市公路局工作。最先在工会工作，同时在工程管理所任职，后到综合管理科，负责资产管理。之后任总工室主任，负责应急办的工作，现任科技教育科科长。

我是1994年到中山市公路局工作的。最开始在工会，同时还在工程管理所兼任一部分工作。后来因为编制改变，工程管理所没有了，公路局成立了一个综合管理科，我就被安排到那里任职，主要负责的工作是资产管理，即对资产实物的管理和政府采购。在此之后，也是因为内设科室的变化，我成了总工室的主任，但具体只负责应急办的工作。后来，公路局成立科技教育科，我才在这个科室任职科长直到现在。

尽己所能，尽职尽责

其实，来公路局以前，我对这个行业基本没有什么认识。我原来在一个农业单位工作，当时的发展形势是工业立市，公路局的工会刚好需要人手。在别人眼中，我是个"对工作有热情的人"，他们便都推荐我来做这份工作。直到那时，我才开始接触公路行业相关的事情。

慢慢地，我了解到公路在中山属于基础行业，考虑到这个行业未来的作用会越来越大、越来越重要；同时，我也认为自己可以胜任工会的工作，于是就来到了这里。

我在公路局待过很多科室，做过的工作不少，我认为自己都是花了心思、按照要求认真完成的。对我来说，这虽然只是一份平凡的工作，我也没有做出什么惊天动地的"大事"，但是，只要我严格自律，听从领导的指示要求，与同事一起钻研进步，积极地开展工作，到别人接管工作时，对方能认可我过去所做的努力是有用的、有帮助的，那我的工作就有意义和价值了。工作几十年来我就是这样想的，也一直是这样做的。

每任局长，各有特色

刚到公路局时，我就以积极的心态和饱满的热情投入到工作中。还记得当时的局长是杨呈伟先生，在杨局长的领导下，整个公路局的工作环境和工作氛围都非常好，给予了我们普通员工很多发展成长的机会，为我们提供了一个施展自己想法的舞台。在这样的环境下，我们又快又好地完成了工作，并得到了领导的一致好评。我那时候一心想着，自己终于可以在这个岗位为公路局的职工办一些实事了。渐渐地，我感觉到公路局在市里的地位开始有所提高。我们不断争取参加市里的其他会议活动，比如妇联代表大会、市总工会和一些全市性的会议等，对于省里和市里的工作意见及要求，我们也尽力做到准确实施。

1994年起，公路局开始以"主业精，副业兴"的思路开展工作。当时局里的政令非常畅通，干部职工工作的精神状态也非常饱满，曾多次获得省和市里的高度评价。在杨呈伟局长的主导下，公路局推行了大道班制，就是将11个道班合并成三大工区。这个做法在全省同行

2007年4月，中山市公路局举办路面安全施工实操比赛

2008年9月，中山市公路局举办第二届养护劳动技能竞赛

里是走在前面的，也意味着从那时起，我们就开始朝公路养护的机械化、现代化方向发展了。

直到杨局长退休，李今永局长继任。在李局长领导期间，公路局的地位得到了很大的提升，原来我们属于交通局，后来机构升级，政治待遇也提高了。公路局从交通局分离出来成为直属于市的事业单位以后，我们的政治氛围变得非常好，所有干部职工上下一条心，顺利完成了广珠西线的改造工程。我们还培养了一大批有能力的干部，完成了自己行业的转制。在两届老局长的主导下，我们每一个阶段都完成了该阶段的重要任务，最后也都收获了不错的评价。

后来到邓杰钊局长领导公路局的全面工作，那个时候的核心任务是搞好养护。为了提高养护的质量，我们开始启动独立核算①支付的项目。毕竟这是一个试验性项目，它有利有弊。在前任局长的提醒下，我们认识到凡事都要辩证思考。这个项目的优点是有利于提高大家的工作效率，但缺点是大家可能会因此变得斤斤计较。最后提出的解决办法是进行劳动竞赛。我个人认为劳动竞赛是群众运动式的工作方法，存在一定的局限性，有些竞赛期间明明可以完成得很好的工作，一旦竞赛结束，很多问题又重新暴露出来。劳动竞赛对于新来的同事来说，或许是新奇有趣的，比赛的时候轰轰烈烈，竞赛结束以后，一切又归于"平淡"。用这样的方式推动工作，可以说在本质上没有很大的变化。如果为了公路局的长远发展，我个人认为，落实到制度才是最好和长期有效的。

工作成绩要如何才能巩固，现在我们正在考虑这个问题。如今在

---

① 独立核算，是指具有完整的会计凭证、会计账簿和会计报表体系，全面地记录所发生的经济业务，并定期编制财务报表的单位所进行的会计核算。

刘文勇[①]局长的领导下，公路局正在大力推动公路的科技进步。结合实际，今天已是"互联网＋"的时代，不能再像以前那样。我们成立了信息科，大力建设数字公路，通过数字公路管理道路养护。只要一打开电脑系统，在任何路段上发生了什么事我们都可以及时清楚地看到，路段出现问题时也可以及时告知公众。数字公路系统建成以后将会发挥重要作用。我个人认为，现在公路局的转型升级做得非常好，不但符合行业发展的需求，而且顺应了国家的发展战略，前景真是一片光明。

从工会到综合管理科

在工会期间，我的具体工作都是按照局领导和省、市里交通系统的要求来完成的。那个时候工会所做的工作，既包括组织职工的技能竞赛、职工教育和工会财务，还包括关心职工生活上的困难，日常的慰问和探访，以及计划生育工作等。工会的工作量多而杂，只有我和另一位兼职的同事负责，现在回想起来，真是很不容易，但是这个过程也给了我很多锻炼。值得开心的是，这些工作的顺利完成对中山市公路局的发展起到了重要作用，为公路局赢得了很多省、市级的奖项和荣誉。

因为形势的变化和工作的需要，我从工会调离后，被安排到综合管理科工作。那段时间综合管理科也根据形势的变化进行了业务的调整更新。比如政府采购，公路局原来的资产管理模式属于松散型，为了对政府采购业务作进一步的优化升级，我们需要对局里的资产做一次全面的清理。这项工作需要前期的大量调研，以及开展座谈会进行讨论。政府下达文件之后，我和同事就开始着手准备调研。确立制度

---

① 刘文勇，2013年至今任中山市公路局局长、党委书记、党组书记。

梁小梅
做好平凡事也是精彩人生

2008年9月，中山市公路局参加全市组工知识竞赛获优胜奖

的前提是根据实际考察制度是否合用，如果不合用就要废除或者更改。我们的调研内容包括采购的形式、市里颁布的政策、公路局的实际情况等。调研形式以我们到基层和科室走访为主。此外，我们还建立了很多新的制度，有资产管理的制度、物业租赁的制度、政府采购的制度等。在当时，这几方面的工作调整可以算作是一次重大改革了，工作难度很大。但是对我来说，不管难度有多大，我和科室里的几位同事通力协作，最后顺利完成所有的工作，大家都觉得很有成就感。

公路钢桥架设技能竞赛获全省第一

公路局后来成立了一个总工室，我曾任总工室主任，当时负责的具体工作与应急相关。我们确立制度时，首要考虑的是靠前指挥的应急工作，这个制度完善以后一直沿用到现在。在总工室工作期间，我的另一项主要工作是架桥演练。架桥应急演练是每年公路局都要求开展的工作，我们自己有一支专门的队伍。在我负责应急办工作的时候，刚好省里组织开展应急演练比赛，主要内容是在规定的时间内架桥，解开扣件后再组合起来，用时最短的队伍就是第一名。令人惊喜的是，我们竟然获得了2013年第一届全省架桥演练比赛的第一名。比赛前，我们精心筹备方案，安排好员工的日常工作和训练。后来带队出场也由我负责，上场前，我让大家不用紧张："你们平时怎么演练就怎么架吧。"哪知我们的同事这么厉害，"稀里糊涂"竟得了第一名！

作为全省"养护人才技能评价"首个试点

2015年科技教育科成立，我们围绕推动科技项目发展和职工教育这两大重点开展工作。2016年我们负责的一个科技项目——养护技能评价，在当时的广东省公路管理局，也就是现在的广东省公路事务中心通过了立项，并在第二年按预期成功结题。这是我进入科教科以后负责的第一个重大项目，能够在短短一年内完成，还得到了省科教处的高度评价，真是不容易。值得"炫耀"的是，我们完成的这个项目后来也成为全省养路工技能评价的标准。

当时，省科教中心接到省技能鉴定中心的任务，要开展"养护人才技能评价"的项目，他们认为中山市公路局对于人才的培养一向很重视，便提出和我们合作。我们接下这个任务后，就把符合条件的养路工送到省科教中心参加考试。通过理论和实操的考核之后，再由省技能鉴定中心认可等级，包括三级工、四级工、高级技工、技师……

通过"养护人才技能评价"的项目，我们养路工的理论知识、岗位实操技能都得到很大的提高。等级提高之后，他们的工资也得到了相应提高，职工的工作积极性也更高了。

考核的内容由我们策划，一开始我们建议通过两个模块的考核就可以免考，但是省里不同意。我说不行也没关系，那就考吧，有没有本事考一下就知道了。我们有43个职工通过了考试，还有8个养路工参加了补考，结果还不错。原来考试用的是全国题库的题目，现在则由广东省科教中心组织出题，题目相对比较容易，但是考试结果还是呈正态分布，我们做的非常公平公正。

项目初期，我们做了大量准备工作，对下面的养护所进行了多次调研。由于项目培训面向全国的专业技术人员，需要调研的内容有很多，比如专业技术人员需要专业继续教育中的教育是什么，去哪里参加学习，安排多少人去等。虽然过程很辛苦，但是只要遇到困难，我们就齐心协力一件件解决。调研之后，我们还要做出预算计划，因为前期准备充分，所以这几年来计划预算都基本精准。

刚接手这项工作之时，有人跟我说："这是块硬骨头，很难啃的，变数也多。"我回答他："不怕，我们了解清楚，问清楚他们的需求，一定可以解决问题。"然后我对养路工人说："我已经问过了，要去就要今年去，不然就不安排你们了。"养路工在这方面的追求令我们很佩服，他们很珍惜、很重视这个机会。人要不断学习才能有前途，通过这一点，我发现我们的同事在这方面很有目标和毅力，这也让我看到了希望。

2016年项目立项，2017年就成功完成。课题结束后，科里人员的业务能力有了很大提升，这也是我们带头完成的一个科技项目，大家都很自豪。

顺应潮流，虚心求教

除了"养护人才技能评价"的项目，为了推动公路工作信息化发展，我们还启动了数字公路的建设项目，这一项目在2017年也通过了省公路管理局的批准立项，到现在为止，这个项目正在如常开展。2018 年，我们还启动了一个应急管理方面的项目申请，希望申报为中山市科技进步的项目。目前，这两项工作已经完成了网上的申报。

筑路技术需要培养和提升技术人员的技能，同时还要开展技术交流，让他们能及时掌握新技术，了解新工艺。我们按照国家、省和市里的科技工作的最新要求，完善了我局的教育培训工作制度。到目前为止，已经开展了多场多次的大专研考，比如邀请武汉理工、中山研究院、中山职院、广东工业大学、长沙理工和华南农业大学等高校的专家教授过来组织座谈、讲座，参观我们的养护所和业务科室。如果在业务和技术方面有什么难点，就请教授、专家为我们"把把脉"，也就是帮忙诊断，提出合理的意见。

实现智能化管理

中山市公路局的发展前景很好，相信智能化管理实现之后，前途更会一片光明。目前我们在刘文勇局长的主导下大力推动数字公路的研究，并通过了对应项目的立项，具体的配套工作也在开展。项目计划 2018 年内完成，但是具体进度要根据业务部门的工作安排。未来我们的目标就是要突破传统，达到智能化的管理：包括日常养护和工程管理。

我们发现深圳使用的一套智能养护软件非常不错。如果路面有需要修补的地方，工作人员马上用手机上传信息，发送至相关的养护部门，养护部门收到之后审批，然后就可以开始施工和核定工价了。这个系统十分方便，我们以后也预备用这种数字化的管理来提升工作效率。

梁小梅
做好平凡事也是精彩人生

省道 S365 麻阳线

优势与不足

我们不足的地方是和业内其他同行之间的交流比较少。去年我参加省里组织的教育座谈会时了解到，我们局的科技创新项目在全省走在前列。为什么这么说呢？因为我们在申报省里的科技项目时，一次可以申报三个项目。但是其他单位申报的项目寥寥无几，他们也都羡慕我们能够申报项目，还有足够的资金培训养路工。我们单位连续两年都得到了科技项目的申报机会，这个成绩非常不错。

关于技术人员的培训，我们公路局的职工真的太幸福了。除了养路工需要提升养护技能外，还有高空作业、电工、叉车等工作人员。无论是谁，有需要去技监局和安监局领证并进行培训的，我们都尽量安排。我们的态度是，只要有培训项目就尽量组织所有的职工参加，不管他是正式工还是临时工，哪怕培训之后他不留在我们单位，到其他单位工作也是为社会做贡献。只要是从公路局出去的员工，他有生存的技术和本领，能为其他的单位服务，我们就很高兴。在这一点上，我觉得公路局格局很大。我们去省科教中心培训时，其他市局对我们中山的同事都非常羡慕，他们很多职工有继续教育的需求，但是单位只安排时间，钱要职工自己负责。

我们也有需要不断完善和加强的地方。我们的科技项目要大力推进，一个行业没有创新的东西，慢慢就会落后于形势。现在港珠澳大桥[①]已经开通，深中通道[②]几年内也将建成通车，我们要时刻保持危机感，不断进取啊。平时工作要尽职尽责，想方设法完成领导交代的任务，

---

① 港珠澳大桥，是中国境内一座连接香港、珠海和澳门的桥隧工程，位于中国广东省伶仃洋区域内，为珠江三角洲地区环线高速公路南环段。
② 深中通道，是连接广东省深圳市和中山市的大桥，是世界级超大的"桥、岛、隧、地下互通"集群工程，预计2024年建成通车。

不断培训、引进人才，千万不能故步自封。现在公路行业有很多研究机构，以前"三小"创新的层次较低，我们需要提升的东西还有很多。我们使用的新材料都是环保材料，科技项目也要求他们用环保的理念，用最新的材料，走向行业前列。

不过，目前许多材料还是石油衍生产品，暂时没有替代品。砂石都是不可再生资源，所以这方面我们还要继续研究。再生材料的应用也是公路研究的方向。这些研究课题，我们没有科研机构那么专业，所以我们会时刻保持与它们的紧密联系，与公路养护国家技术研究中心合作，他们有什么好的东西就会推荐给我们。

全身心投入工作自然会有回报

在公路局工作这些年，我认识到做每一件工作都要全身心地投入，投入了自然会有回报。我在公路局的收获主要有两个，第一是职务得到了提升；第二是我依托公路局这个平台，跟随社会的进步而进步，自身水平得到了提高与发展。在个人工作方面，我用心完成领导交办的工作，完成自己的岗位职责。平凡人做平凡事，虽然没有做出轰轰烈烈的事情，但我觉得很知足，职业生涯没有什么遗憾。

对于公路局的未来发展，我觉得在智能化方面还可以走得更快一点。按照目前的机制，我们虽然做了很多尝试和交流，但是能够落地和实施的不多。就像俗语说的：敲锣打鼓的时候多，摘到果子的时候就不多了。我们每一年会组织专家教授座谈，但是达成合作的次数不多。不是说我们的同事不积极，而是现实中总会面临制度、政策等多种原因的限制，存在很多局限。怎么在这样的环境和条件下推动工作发展，是我们要着力解决的问题。饭要一口一口吃，工作要一件一件做，跟上社会发展的步伐，一步一个脚印就是了。

黄华任

一个所长的成长史

黄华任，1958年8月生，中山市三乡镇人，共产党员。1982年任深湾道班副班长，1984年任肖家村道班班长，1998年4月任三乡公路工区区长，2002年至2011年任三乡公路养护所所长，2011年至2014年任东升公路养护所所长。

我的人生我做主

我爸爸是兽医，很想我继承他的衣钵，所以我15岁就开始跟着爸爸学阉鸡①。但这实在不是我喜欢的工作，过了一段时间，我便向爸爸实话实说，坦白自己以后不想当兽医。我爸爸是个开明的人，他说："你自己选择吧。"爸爸对我的人生有很大的影响，他从小对我们的教育是引导式的，不会讲很多大道理，更不会高压教育，强迫孩子听从他的命令，他始终很尊重我们的想法和意见。

我爸爸曾经跟我说过，做人要有目标，要有个方向，这个方向关系到你以后工作的成功与失败，你不需要定很宏大的目标，三五个字就好了。所以现在我也经常对年轻人说，一定要给自己定个目标，不

---

① 阉鸡，一种古老的行当。就是把公鸡的睾丸割掉，目的是让公鸡长得更快，肉质更嫩。在南方，阉鸡又名骟鸡或是线鸡。

要盲目做人，走一步算一步是不行的。

我为什么选择入公路这一行呢？小时候，我们村有一条很烂的路，那是我们上学的必经之路，平时已经很不好走了，雨天更是泥泞不堪。当时我就想着，以后出来工作我一定要修好它。这姑且算是一个小孩子的远大理想吧！后来我果然进入了这个行业，还做出了一点小小的成绩，回头想想爸爸的教诲——"目标不需要太宏大"，我想如果我当初的志愿是当科学家、医生或律师，这多半实现不了。

我做过很多工种。最初入行的时候烧过大炉、煮过沥青，我们一共十八个人分为三班制，六个人一个班次，每天两点多起床推着柴火去烧，熏得衣服都黑了，足迹遍布中山各个镇区，一天才赚一块钱。

到了1982年，情况就有所不同了。我曾试过跟同事两个人一天翻一百立方米的泥混灰土。我记得一辆解放牌红卫车，把我和一个同事，还有满车的沙土在指定的地方卸下来，我们两人一下地就开始搅拌混合，司机在前面五百米的路口把车调个头回来，我们已经干完活儿竖着铲子在等他了。我们两人一天可以翻一百立方米泥混灰，按两毛钱一立方米计算，一个人能赚十块钱。那时候一般人一个月才三十多块工资，但是干这个，一天就可以赚十块钱，所以这个工作虽然很辛苦，做一天下来整个人身上都是泥灰，但我们依然干得很快乐。

机会留给有准备的人

1981年的一个夜晚，我像往常一样去铲沙。第二晚，就有人偷沙，我辛辛苦苦铲好的沙，一晚就被偷光了。我马上报了警，警察很快就抓到那一帮偷沙贼。这件事很快传遍工区，组织上欣赏我临危不乱的处事作风，便把我调到深湾道班，并破例提升我为深湾道班的副班长。1982年我就从临时工转为了正式职工。

2002年,三乡公路养护所挂牌

1983年,领导安排我回肖家村道班。当时我没有驾驶车辆的证件,公司又出钱让我考驾驶证。在组织的教育和培养下,我提升很快,1984年我就成了肖家村道班的班长。

我当班长时,处处起到模范带头作用。我深知工友熬煮沥青的辛苦,这种活计,拼的就是人的体力和耐力。熬煮沥青的时间长了,经常整个人都累得发抖,烟熏火燎,熏得发尾全是灰,不洗脸不敢回去,衣服里面都是黑的,鼻子也是乌黑的,就像老鼠从锅底走出来一样。

我参加工作以后,不但成绩出色,业务精通,还受到了领导和同事的一致好评。在肖家村道班当班长时,肖家村道班多次被评为市先进单位,还连续10年获得省全优道班的光荣称号。1990年我光荣地加入了中国共产党，1994年3月起我任道班党支部书记，也是当时局里最年轻的党员。后来三乡公路工区成立，我任工区区长。后任三乡公路养护所所长。

相信科学，做专业养路人

早期在道班工作的时候我就喜欢做实验，做实验能够增长知识。我凡事喜欢问个"为什么"，比如为什么别人补完坑的路，走一两个月又会损坏呢？这就是个值得深思的问题。遇到问题我就要实验，要找到解决问题的方法。通过不断的实验论证，这些知识都深深地印在了我的脑子里。人家问你怎么去了现场什么都会呢？因为这些我全部都做过，怎么可能不会呢？

我懂技术是因为以前曾去进修过。那时候请佛山大学的老师讲课，十块钱一个小时，纪律很严格，上课不准开小差，学完要考试、要答辩，所有养护技术你要全部掌握，考试随机问答，由佛山那边出题，按科目考试，总考由省公路管理局派人来监考。学成回来属于技师级别，可以加工资。

有一次，养护所把做沟壑的工程派给一个工头，他嫌麻烦，推脱做不出来。我便亲自过去，做了一个平方示范给他看，我教他该用多少沙、多少泥，就按照那个模板。原来他计划一边做坡一边砌石头，我说这样不行，会浪费石材、加大成本，你应该先做好坡，压实以后再砌石头。后来他只得按照我的话去做，节省了不少开支。所以自身业务不但要懂，而且要精通，这样在遇到问题时才不会被别人牵着鼻子走。

绿化维护的主要工作就是除草，既要除干净杂草，又要做好绿化。以前的道路利用率不高，路过的车少，所以长满了杂草，特别是那些黄毛根草、线头草，用人工除草，哪里干得完呢？我在东升养护所的时候经常做实验，发现草金灵①效果很好，药喷下去以后，杂草慢慢从根部腐烂，可以轻易清除干净，大大提高了除草效率。所以我们还是要相信科学，敢于尝试，才能把工作做得更好。

警钟长鸣："贪"字最后得个"贫"

我爸爸以前经常对我说，"贪字得个贫字"，这句俗语广东人应该都明白。自从我当所长以后，他总怕我出问题，时时向我敲警钟。我爸爸说："人生的路，要有个方向和目标。一条路看过去不是永远笔直的，始终有个转弯。人生也像一条路，有高低起伏，大方向把握好就对了。"他说："你当领导了，千万不能动贪念，贪字最后都是一个贫字，你该拿多少就拿多少。特别是你手中有权力的时候，如果经不住诱惑，拿着公家的权力换利益，随时有可能坐牢，这样不值得。"

我很感激爸爸的教诲，我对于权力的把握很有分寸，并时刻用这句话教育身边的人：不能贪！记得2005年，有个公司想跟我们签五年的合同，他想收买我，说每个月给我三千块钱，一次性付五年。我严词拒绝："我不会拿你的钱，如果贪的话我早就发达了！但你欠我们公司的租金我今天一定要收回来。"

我爱人以前是做出纳的，全部账目我都会详细登记并公开。所以我爱人时常说我，别人当个班长，一包洗衣粉、家里用的电，全部算公家的，而你自己呢，什么都是自己出。我劝导她不要贪图蝇头小利，这些又不值什么钱。那时候我们工资才一百多块，但我只拿自己该拿的，不该拿的我一分钱也不要。

---

① 草金灵，一种除草剂的名称。

2006年9月，黄华任（右）与中山市委书记崔国潮（左）合影

曾经，公路局有个科长犯了错误。他在负责光纤路段的建设时，收受了别人一万块钱的好处费。那时候我也在这个项目上，出了这件事，领导质询我跟这件事情有没有牵连，我辩解道，"我连矿泉水都没喝他的。"后来审计出来，果然证明我跟这件事一点关系都没有。

在东升的时候，我帮那些村户修路，他们送钱给我，我就退回去，并对他们说："你请我抽一根烟可以，请我吃顿饭我也会去，但是钱我一定不能收。"我做人光明正大，并时时提醒身边人，"贪字最后得个贫字"，我干干净净做事，清清白白做人，睡觉也舒坦。

如何当"好"领导

我对下属很严格，对自己更严格，原则上的问题从不妥协。我在职的时候常常对下属说，一件事情我只允许你错三次，但如果是原则上的事情，错一次都不行！

1998年4月，我刚来三乡公路养护所的时候，这里连围墙都没有，我来到这里相当于"开荒牛"。当时三乡房地产开发，所用的泥头车把路面都压坏了，当地的四个道班互相推诿，谁都不肯对那些烂路负责，我过来就是要将这些历史遗留问题都处理好。我上任之前就写好了未来一年的工作计划，并得到了领导的批准同意。后来我依照这个计划执行，努力解决问题，整理好内部资料，并按规范进行管理。一年以后，我又写了一个总结：完成了什么，解决了什么问题，比如这段灰尘滚滚的烂路有没有处理好，员工的思想情况怎么样，大家是不是团结一致等。

我觉得做领导最重要的是不要摆谱，我只当自己是一个普通员工，大家都是平等的，只是级别不同，工作分工不同。我经常和下属员工走在一起，他们有什么问题也会跟我反映，需要帮助的、有困难的我都会尽量帮他们解决。大家有任务合理分工，有事互相帮忙，就像一家人一样，关系十分融洽。

我在职时，对于安全教育和质量问题也十分重视。安全教育关系到整个集体，要做好预防，经常跟员工做好提醒工作。同时更要抓好工作质量，如果承包方倒的水泥不合规范，即使做好我也要他们打烂重新做，原则问题没有妥协的余地。我也时常教育员工要合理利用材料，浪费材料和贪污一样严重，都会让国家蒙受巨大损失。

光说是行不通的，要有规章制度，按规矩办事。我们的制度定得很好，很严谨，比如现场有没有放施工标志，规定要穿的反光衣服有没有穿等等，这些细节都被纳入了我们的管理制度。我们会安排人手巡查，制度面前人人平等，大家按规定执行，就能顺顺利利开展工作。有一次，省公路管理局副局长带了一班人来视察，我把工作流程给他看，他十分欣赏，还让我复印一份拿给他作参考。那时候高速公路普遍容易出问题，他说按照这个流程就不会出那么多问题了。

有权力的时候还要懂得放权，不要自己揽着全部的权力，这样不仅自己辛苦，员工也可能有怨言。业务、出纳、会计、档案、技术等这些事我都懂，有些人不会做，我就耐心辅导，教会之后我就放手。但是放权不意味着不管他了，还要经常监督他的进度，及时跟进。就像最初我带新人，也是跟着他们一起去工地，等他们熟悉上手后，就放手让他们去做。我看人很准，为公路局培养了很多人才。他们现在已经成为了各个岗位上的领导，仍然对我十分尊重，逢年过节也会打电话问候。

做领导还要有气量。特别是年尾评先进的时候，自己的票数肯定比别人多，要尽量把奖项让给身边的人。如果几个奖你都是票数最高的，不要都拿，拿一个就好了，这样下面的员工才会支持你的工作。

知足常乐，方得始终

2011年干部轮岗，我服从组织安排，被调去东升做所长。直到2014年我到了退休年龄，领导觉得我还"年轻有实力"，我便又留任了一年，算是2015年正式退休。我在公路局工作了近40年。

回顾这一生，我做过一些事情，取得过一些成绩，也得到了员工和领导的认可。我当过党代表，也当过工会代表；我曾经获得过广东省五一劳动奖章、广东省劳动模范，广东省优秀党支部书记、中山市劳模、中山市十杰市民等奖项荣誉，这些成绩也代表着组织对我的肯定，我已经心满意足了。我不和别人比较，我只和过去的自己比。

2019年1月，东升公路养护所所长曾广成（中）带领慰问组到黄华任（左）家中进行慰问

我一生廉洁奉公,组织也待我不薄,退休之后,单位还安排我每年一次的体检;省工也会时常送来慰问,并每年送我外出疗养;以前市政府还曾出钱安排我每两年出一次国,这些年我总共去过大大小小十九个国家;省公路局帮我订了一份《南方日报》,中山市公路局帮我订了《中山日报》,我虽然退休了,但作为一名共产党员,我仍然每天关心时事。

我奋斗了大半辈子,前半生兢兢业业,现在"功成身退",每天和老婆孩子待在一起,平时做做家务,看看新闻,生活简单却有滋味,我很知足。

梁威航

我是"路二代"

梁威航，1965年11月生，中山市火炬开发区人，共产党员。17岁初中毕业进入中山公路工区工作，曾任东凤收费站收费员、东凤收费站副站长、东升公路养护所副所长、中山港公路养护所所长，现任东凤公路养护所所长。

人生第一次抉择，读书还是顶职？

我爸爸曾是中山市公路局下属修配厂的职工，岳父曾是崖口道班的员工，妻子在收费站工作，两个姐姐也在公路养护道班待过很多年，可以说一家子都是"公路人"，我也算是个"路二代"。

我是张家边西桠村人。1982年初中毕业，这一年，我爸爸到了退休年龄。二十世纪八十年代，父母在单位退休，其子女是可以顶职的。当时我还在放暑假，有一天，爸爸很严肃地说，我可以顶职进入中山公路工区工作了。顶职，意味着我不再升读高中。

不是没有一点愕然，毕竟那时的我只有17岁，我也想继续读书，究竟升学还是工作，成了困扰我的一个难题。

当时，我们家属于半工半农的家庭，家里只有爸爸一人是国企职工，他是吃公粮的统销户（现指居民户口）。我们姐弟几个和妈妈在农村耕田。

国道G105线东凤东阜路口跨线桥建成通车

顶职在乡下人眼中是天大的喜事,对农村孩子来说,可以招工转为统销户是很光荣的事情。何况,这次是全国最后一批顶替招工,以后不会再有这种机会。我没有犹豫太多,便高高兴兴去中山公路工区报到了。报到那天是六一儿童节,三十多年过去了,这个日子我还记得清清楚楚,从那天起,我是国企职工,是赚工资的男子汉了。

中山市公路局成立于1988年,下属11个道班,每个道班十多人左右,负责管理养护段内的公路,保障段内道路畅通。

我被分配到翠亨村[①]附近的崖口道班,一待就是七年多。1990年,我调到东凤收费站(以前叫沙口大桥管理所),当了几个月的收费员后,

---

① 翠亨村位于广东省中山市南朗镇,原名蔡坑村,后因附近山林青翠,故改名翠亨村。是民主革命先行者孙中山的故乡。

我升为售票班班长，后来又升为东凤收费站副站长。2008年，我调到东升公路养护所当副所长。2014年，我调到中山港公路养护所当所长。2018年3月28日，我轮岗到东凤公路养护所当所长。

80元背后的付出

1982年在崖口道班的时候，我的基本工资三十多元，加上补贴，一个月大概八十元。对于一个刚入职的新人来说，这算比较高的收入了。然而，这份高收入的背后是高强度的付出。我住在西椏村，崖口距离我家十几公里，每天骑自行车上班大约四十分钟。

中午，我会去距离崖口差不多十公里的土草朗（现在的南朗观塘村）吃饭。那时年轻力壮，十公里的路程大概半个小时就能骑到，吃完饭再回道班开工。一个道班的工友都是年轻人，大家一起工作很开心，也不觉得很苦很累。

我们的工作主要靠人力。那时的公路大部分是沙土质地，下雨过后路面都是坑坑洼洼，我们要先用黄泥填坑，在黄泥上面铺沙，再用黄牛拉板回沙，这个工序很重要，如果不回沙，沙堆在一起就会形成沙梯。

那时已经出现了少数柏油路，柏油路的路面也只有薄薄一层沥青，沥青最怕水，如果路面出现裂缝没有及时修补，下雨渗水，道路很容易破损。沥青裂了，就要开槽灌缝①来延续道路的寿命。沥青路理论上有十年寿命，如果没有定期养护修补，可能过个五六年整条路就报废了，保养得好可以用八年，甚至十年，相当于为国家省了一笔很大的支出，

---

① 开槽灌缝，裂缝是沥青路面的常见病害，开槽灌缝是根据路面状况和裂缝的特点确定开槽的大小和形状，利用专门的灌缝设备将专用的沥青路面灌缝材料灌入槽中的一种道路养护工艺。

这就是养路的意义。

过去没有机器,煮沥青全靠人手。我们在锅里放一点沙,把沙煮热之后放入沥青搅拌均匀,再将煮好的沥青运到路面上,趁热摊铺压平,一气呵成,腰酸背痛也不能停。

雨天淋雨作业更是辛苦。那时车辆虽然少,但是公路很难养护。工作辛苦的时候,我也想过放弃,但家里人劝我,这份工作是铁饭碗,始终有保障,如果不做,只能回去务农耕田。于是,我咬咬牙,还是一路坚持下来了。

温馨的生日会

除了修路,我们的工作还包括路面清洁、道路绿化。以前的沙土路不像现在有漂亮的绿化带。我们要给树木浇水,铲除杂草,以便公

成立于2008年的公路局小乐队在员工生日晚会上助兴

路两边看上去整洁美观。此外，我们还要保障桥梁安全。崖口道班段内所谓的桥，其实是涵洞，涵洞是横贯公路的路基，作用是泄水或者方便人、畜和小型车辆通过。在那个特殊的年代，为防止阶级敌人破坏，我们要安排值班人员巡查，这个工作很"高大上"，叫"保卫桥梁"。

　　"保卫桥梁"不算太危险的工作，最危险的工作是下雨之后上半山的石场运送石渣填补路面。雨后的山路很是泥泞，手扶拖拉机的制动性能很差，我记得当时有个同事因为抓错离合整个人差点从车里甩出去，现在想起来也很后怕。

　　后来有了路灯，道班的工作又多了一条保养路灯。为了不撞上早高峰的上班族，我们只能提早上班，每天清早五六点出门工作。

　　道班同事之间的感情非常好，工作之余，大家没事会聚在一起打打牌，输了的用夹子夹耳朵，也算是苦中作乐。农忙的时候，逢上休息日我会请同事一起回家帮忙割禾，大家打打闹闹就把活儿干完了，劳动之后我再煮一顿饭招待大家，像郊游一样，我很怀念那种融洽的感情。后来我当上领导，也在单位极力营造这种温暖的氛围。

　　大家在一个单位工作是一种缘分，同事之间不能漠不关心、互不问候，这也是公路局一直以来坚持的企业文化——为员工打造温馨的工作环境。2008年开始，公路局每个月都举办一次集体生日会，各个养护所的员工轮流负责，表演各种节目。生日会让每个员工都有当主角的机会，让大家真正觉得自己是单位的主人翁。通过参与集体活动，员工自己能够得到很好的锻炼，文化和品位可以得到很大提升，之前让他们上台主持都不敢，现在这都是小菜一碟，脱稿上台也可以讲得流利顺畅。后来，考虑到养护所与公路局距离遥远。为了方便员工，就改为各个养护所分别举办生日会了。

一见钟情的那个女孩

我在崖口道班工作了七年半,最大的收获是我的爱情。当年崖口道班的班长成了我后来的岳父。那时,班长的女儿还在南朗中学读书,她经常去道班玩。我第一眼看见这个女孩子,心里想着"就是她了",但我只是默默地喜欢她,没有表白。后来女孩考上石岐第一中学,毕业后来到公路局工作,我们就水到渠成地在一起了,这也算是近水楼台。

1990年,我调到沙口大桥管理所,也就是现在的国道G105线中山段东凤收费站。刚来的时候,我担任收费员,只负责收费,不用管理道路,比在崖口道班的工作轻松了许多,我干得更起劲了。

收费站一共四五十人,除了办公室人员,分为验票班和售票班,二十四小时轮值。验票班在外负责给司机递票,售票班在内负责管理票据。我们收费不看路程,只根据车型收费,有两元、五元、七元的票,每天下班后,把实际收入和剩余票据拿回办公室结算。收费工作要求员工动作麻利,尽量确保金钱、票据不出错。我们的管理制度是一个月允许犯错两次,错三次以上就要扣奖金。我们鼓励高效工作,营业额高,拿到的奖金也多。

工作几个月后,我当上了售票班班长,刚做班长的第一天,我就遇到了刁难。负责收费的员工每人都有一个工作箱,里面放有一定数量的零钱和票据,为了防止有人作弊贪污,工作箱要上两把锁,钥匙分别交给员工自己和售票班班长保管。那天,一个老职工收工时不肯锁自己的箱子,我一下就看穿了他想玩弄的把戏,如果只上了我这一把锁,丢失什么东西就是我的责任,我和他说:"你不要欺负我,我们按规章制度办事,你要是不肯锁,我现在就去和所长说清楚。"听到我这样说,他才不情不愿地锁上箱子。也许他觉得不服气,认为我

建于2003年的国道G105线东凤收费站办公大楼、员工生活区

年纪轻轻不配当班长,故意给我下马威。但是我始终坚信,只要自己行端坐正,就不怕任何人的刁难。

在东凤收费站的18年间,我从收费员升到副站长的职位。收费员只需要做好自己的本职工作,而副站长要学会管理团队,协调各方的关系,不仅自己要提升,还要关注全体员工的发展状况。从被人管理到管理别人,这个转变的过程中,我也在不断学习,努力适应。从职工转为干部身份,需要去中山市政府参加统一考试,分数合格才能转正成功。一边工作一边学习当然很辛苦,但是只有自己刻苦一点,才对得起这份工作和单位的培养。

做这行有时很受委屈,有些司机不愿缴费,骂人吐口水,甚至故意开车撞断栏杆。有一次,有人点燃鞭炮丢进售票亭里,我们不能以暴制暴，无奈之下只能报警求助。我经常去派出所协助处理这些问题，处理这些问题也需要讲技巧，万一车主迫于压力赔钱不服气，之后来打击报复就很麻烦。同时，我也要经常对员工进行安全意识的教育，以应变这些突发状况。

按照要求，领导需要三年轮岗一次，2008年，我从收费站调到东升公路养护所。2014年，我通过考试答辩，成为中山港公路养护所的所长，我感到压力很大，但是压力也算是一种动力。

有了管理的主动权之后，我时常开动脑筋研究如何管理好养路工作，国家依法治国，我们也要依规治所。为了提高员工做事的效率，我提出一个"逐渐量化"的管理模式，每个员工有30分的基础分，在这个基础上，工作完成得好、积极参与文体活动或运动会的员工可以加分，迟到早退不遵守纪律、工作失误违反制度时会扣除相应分数。到了年尾，达不到30分的会受批评，超过30分的员工会受到表扬奖励，还有机会被选上先进员工。

这项制度取得的效果很好，我在中山港公路养护所任职期间，员工的劳动积极性有了很大的提升。我管理的员工中，有一人拿到广东省的"五一劳动奖章"，两人被评为"中山市百佳外地员工"，养护所也拿了广东省工会的先进职工集体、先进职工之家等荣誉奖项。

与路结缘的一生

非常时期的国道、省道是战略阵地，公路养护具有重要的国防安全意义。现在是和平时期，路通财通，公路发展是国民经济发展的重要保障。我们保养路面，第一重意义是为支持国民经济发展，第二重意义就是给人民群众提供一个舒适的出行环境。

公路养护，每个阶段的职能都是一样的，都要"畅、洁、绿、美、安"，

2018年7月,东凤公路养护所所长梁威航(左二)、副所长温庆泉(右一)到退休员工家中进行慰问

保障路面畅通整洁,使环境看上去舒适美化。养路工作实现机械化之后,工作效率有了很大提升。

我希望大众对公路行业能多点理解,有时路上出现拥堵,不是我们工作不到位,而是因为现在人民生活水平提高,人人都能买车了,公路发展的速度跟不上车辆增长的速度。比如目前的国道G105线中山段已经处于饱和状态,不可能再扩展,导致这段路经常发生堵塞。为了不影响市民出行,很多工作我们都放到晚上进行。但有些工作只能在白天做,还是会不可避免地导致一点塞车。这个行业是服务人民群众的,工人在路面作业十分辛苦,路上灰尘大,汽车行驶时还会排放尾气,每次收工后洗鼻子,水都是黑乎乎的,很多退休的公路职工身体都不太好，癌症发病率也相对高一些，实在很不容易，希望大家多多理解。我们也会继续尽力做好工作，给人民群众的出行创造舒适畅洁的路面，确保路面安全。

我这辈子最大的遗憾，就是没能好好陪伴儿子成长。儿子很小的时候，我们夫妻俩都在收费站工作，一个星期才能回一次家，只能把他交给我妈照顾，隔代教育或多或少存在一些问题，我妈太过溺爱他。现在我儿子28岁了，工作还可以，就是在家有点懒惰，不愿意做家务活。

几十年弹指一挥间，我今年五十多岁了，还坚持学习。我水平有限，记性不好，相关的政策和法规，我会让办公室同事用A4纸打印出来，放在口袋里，偶尔拿出来看看，温故知新。

从青春年少，到如今知天命的年龄，我的大半生都献给了公路事业。我一路见证了社会的飞速发展，也见证了公路的发展。回望这30多年，我也算小有成绩，没有辜负一路以来的坚持与心血。我会继续保持初心，为中山公路事业尽职尽责，站好最后一班岗。

萧文广

公路建设的"老黄牛"

萧文广，1927年3月生，中山市板芙镇人，共产党员。二十世纪四十年代末参加公路养路工作，五十年代起任深湾道班班长。曾在沙口渡口所工作，后调回道班任监工，直至退休。

与巡查车玩"猫捉老鼠"

我7岁的时候妈妈去世，10岁的时候爸爸也走了，我成了孤儿。人们都说："这真是个苦瓜仔①。"为了维持生计，我只能辍学打工，平时找点散活做，生病也没有钱医治。1948年，我到岐关车路公司——也就是现在的中山市公路局——找了份公路养护的工作，"岐关"二字，就是从石岐到拱北关闸的意思。

公路工人的地位很低，我们被叫做"泥工仔"，这个称呼很有一点歧视的味道。以前这份工作的环境和待遇都很差，只有穷孩子才会做。我为了生存，便去找工头毛遂自荐，说自己有力气，想做公路工作。我就这样入了行，从21岁到55岁，34年来，我一直没有离开公路。

70年前的公路很窄，不足7米宽，路上行走的车辆也不多，以岐

---

① 苦瓜仔，方言，苦孩子的意思。

萧文广
公路建设的"老黄牛"

萧文广近照（摄于2018年3月28日）

关公司营运的车辆为主，大小相当于现在的中巴车，半个多小时才有一辆车通过。公路都是沙土质地，汽车经过的时候，晴天扬起一片沙尘，雨天溅起一滩泥水。当时，养护公路的单位不叫道班，工人里的领导我们也不喊班长，而是叫工头。入职的时候，公司给每人发了一件工作服，工服的尺寸很大，上面标有醒目的编号。只要带着工服，我们就可以免费乘坐岐关车路公司的所有车辆。

平时，公司会派人四处巡查工作。如果我们累了在路边休息时，恰巧遇到巡查车辆路过，就会被看做"偷懒"，第二天名字被写在红纸上面，表示此人已经被开除，不用再来上班。我们便想了个主意，在休息时找警觉的人"放哨"。看到巡查车远远开过来，放哨的人便叫道："车来了！车来了！"我们马上起身认真工作，避免被抓个正着，待巡查车开过之后，再坐下休息。我们经常玩这种"猫捉老鼠"的游戏，回想起来还是很有意思的。

1949年，中华人民共和国成立。因为刚刚解放，不知道政府会如何安置我们这些养路工人，前途未卜，人心惶惶，我们只能留在岐关公司，关起门打牌，打发时间。

当时中山县还隶属于佛山地区管辖，二十多天后，佛山养护所负责人来到岐关公司，要求我们签名登记，然后分配大家去不同的养护道班工作。按地段划分道班，有石岐道班、三乡道班等，我被分配到深湾道班。

"睡马路"的后遗症

当了四五年工人后，我就成为了道班班长。那时候只要听话，工作努力，安排的工作完成得好，就有可能晋升为班长。班长一般是年轻人，担一个班长的名头，就是要带头做事，为其他工友做示范。我的本事不大，但我勤学肯练能吃苦，会尽自己所能认真细致地做好分内工作，因此领导都很信任我。

破损路段的修补、人员分配安排等工作都由班长决定。每天一早，班长计划分配工作，挂分工牌，工人按照分工牌上的指示工作。当时的工种不少，有些人负责统计，有些人负责财务，有些人负责路面卫生，有些人负责修路……工人一旦确定工种，一般会做很长一段时间，除非发现工作有什么问题才考虑转工种，不会出现频繁换岗的情况。

当时招工比较随意，一般是经人介绍。我会问熟人朋友："道班最近缺人手，你有没有认识的人可以推荐过来？"通过这种方式招的基本都是临时工，正式员工则由工区分配。

一开始，养路工人的工资并不高，每月30元左右，根据个人的工作表现和完成情况，月底发放相应的补贴。作为班长，我每个月还可以领两三元钱的津贴。大部分工人都住在道班提供的宿舍，如果没有

萧文广
公路建设的"老黄牛"

二十世纪六十年代，养路工人在沙土路上进行回沙作业

宿舍，工人只能自己租房子住。我先后调动了几次，幸好每次去的道班都提供住宿，省下了一笔不小的开支。

我们一般早上7点左右到道班，中午12点收工，午饭就在工地解决。每个道班有两三名女工，由她们负责带锅、铲等煮饭工具，快中午的时候，她们就停下手上的活儿先去做饭。其他人下班后，一起坐在马路边吃饭。中午只有一个多小时的休息时间，我们一般不回宿舍，因为不想把时间浪费在路上，宁可吃饱了在树荫下躺躺，休息片刻。长期在马路上睡觉的习惯对身体并不好，很多工友或多或少落下了一点病痛。我现在每天腰酸背痛，就是当年留下的病根。

1966年到1976年"文化大革命"期间，当时流行吃"大锅饭"①，工人到哪里工作就在哪里的饭堂吃饭，不用粮票，只需要提前报备。

---

① 大锅饭，是对分配方面存在的平均主义现象的一种形象比喻，包括两个方面：一是企业吃国家的"大锅饭"，二是职工吃企业的"大锅饭"。

比如我从板芙出发，到神湾工作，提前一天告知神湾食堂我们的就餐人数，到点直接去食堂吃饭就可以了，不需要工人自带锅铲在马路边煮饭，免了很多麻烦。

令人头痛的下雨天

早期，从事公路养护的工作不需要学什么技术，新来的工人，跟着有经验的老工人实践几天就能熟练操作。

填补路面坑洼是我们的主要工作之一。施工时，需要先将坑洼清理干净，用泥与沙石的混合物填平坑洼，在路面洒水后，再用压路机压实，几个程序缺一不可，这样修补出来的路面才结实。遇到风雨天气，我们一般不用外出工作，待雨停之后再及时修补公路。持续下雨之后，修补坑洼的工作往往要持续几天几夜，所以我们很讨厌下雨天。

道路两边的树木养护也属于我们的工作范畴，我们负责日常给树木浇水并进行修剪。遇到狂风暴雨或者台风天，树木倒塌，我们需要及时处理，如果倾倒的树木挡住道路，我们需要设立警示牌禁止车辆通过，然后清走这些树木。如果树实在太大搬不动，我们就先把它锯开，等工程车来搬运。每次碰到台风天，我心里会一直惦记着，整晚都睡不好，第二天一大早，趁车辆还不多的时候我就出门工作。

从事养路工作有一定的危险性，我们平时强调最多的就是安全生产。路只有7米宽的时候，只够两辆车相向而行，遇到封路作业就只剩一条车道，身边车来车往还是很危险的。

偏方解毒

几十年前，养路工作大多靠人手，很少有机器可以操作，工作很辛苦。那时用的车是木斗车，两个人拉一辆，一人拉一人推。车的轱辘也是木头制的,我们在车轱辘上钉一块铁板,拉着车走时铁板撞击轱辘叮当作响,很费力气。后来我们想了一个办法,在车轱辘上装了橡皮胶垫,这样拉车会轻松一点。

木斗车主要用来运送沙土,这是养路工作中最重要的材料,我们每天都在与沙土打交道。填补路面坑洼时需要的沙土材料都是我们自己到山上挖、河里淘的。

车辆在沙土路上行驶,会把沙土往道路两边挤压,所以道路两边常常比中间高,导致下雨天积水很难排出。为了排出积水,我们需要铲平道路两边的路基,但路边多数是农田,水排到农田农民很有意见,我们只能用木斗车慢慢把水运走,工作量很大,感觉怎么也做不完。五十年代后,情况有所改善,道班有了公用的工程车。从那以后,运沙工作相对以前轻松很多,我们只需要把沙土挑到工程车上,由工程车运到工地即可,再不需要肩挑手推搬运沙土了。

经沥青改造后的国道 G105 线中山板芙路段

建设沥青马路时，最辛苦的工作是煮沥青。我们在公路边搭一个棚子，在大棚里架起一口很大的锅，将沥青和泥沙混合放进锅里熬煮，煮好后再用工程车运到工地，把沥青铺在路上。铺沥青时，工人需要先用工具手动铺一层，再用机器刮平整，这样出来的效果才好。沥青毒性很大，经常接触对身体有很大的伤害，所以每天工作结束后，我们会喝汤解毒。我们都有各自的偏方，各有各的方法。这是常年跟沥青打交道总结出的土方法。

相比沙土路，沥青路的养路工作更加容易，养路工作需要的人力比例不断减少，我们也不用那么辛苦了。

评比日后屁股痛

每月有一天，中山公路工区会召集全体道班班长外出观摩学习，大家骑着单车从石岐沿西线一直到拱北，再从拱北沿着东线骑回来。我们把每个道班负责的道路都走一遍，看看大家的工作情况，存在哪些问题或者需要改进的地方。

我们一大早出发，到拱北已经下午两点了，有时在拱北吃午饭，有时沿路找一些小吃店打发肚子。巡查之后大家组织开会讨论，对工作优秀的道班提出表扬和奖励，对工作做得不好、路面情况差的道班提出批评，责令其回去整改，这也相当于每月一次的内部评比。结束时多半已经很晚了，来回十几个小时，腿酸脚麻，屁股也很痛，评比之后的一两天走路都是一拐一拐的，做班长真不是一个轻松的活儿。

长寿老病号

做养路工作流汗是家常便饭，感冒也是平常事，加上我体质不好，身体上的顽疾没有彻底治愈，几十年来我一直承受着病痛的折磨。

八十年代,单位为了照顾我的身体,安排我到沙口渡口所工作。

相比公路养路工作,我更喜欢在渡口所工作。我在那里的工作很轻松,负责管理一些琐碎杂务,粗重的活我都不用做,那段时间我的身体状况也好了很多。

一年之后我又回到道班,被安排担任"领工"一职,相当于现在的监工。这个工作不太累,我分管东凤镇的三四个道班,每天的工作就是骑着自行车,逐个班巡查,了解他们的工作情况,每隔一星期写一份工作报告,向工区汇报。这个工作我做了两三年,一直到退休。

因为病痛多,我提前5年就退休了。退休之后,我的生活条件越来越好。我的退休工资一个月有几千元,这是以前想都不敢想的数字。我的三个儿子都在公路局工作,大儿子已经退休了。他们入这一行并不是受我的影响,而是自己的选择,他们现在取得的成绩都是靠着自己努力得来的。

萧文广所获奖章

刚退休的时候我住在神湾，后来子女在石岐分到宿舍，我就跟着他们搬到了石岐。退休后，我与一些老工友还有联系，大家曾在公路局一起工作了几十年，感情深厚，现在仍会相互关心彼此的身体状况。像我这个年纪的很多老工友已经去世了，反倒是我这个多年的老病号好好地活着。人生在世，保持知足豁达的心态很重要。

何　浩

最后的渡口留守人

何浩，1929年10月生，中山市小榄镇人。1959年参加工作，曾任中山市交通运输局材料供应股股长，沙口渡口所所长。

20年渡口风雨

我早年参加革命工作，1959年，被分配到中山市交通运输局，负责材料供应的相关工作。我是材料供应股的股长，当时我的薪水是每月44元5毛，属于副股级干部。

计划经济时代，材料供应股的工作并不复杂，一般来说，当地用的材料很少在当地直接购买，都由佛山市公路局有计划的调拨。我们日常的工作就是按照需求做计划，上报佛山，他们拨材料下来，我们再按需调配出去。

材料供应部门一共有四个人。中山公路工区建楼房、建桥所需的沙石材料、机械材料等工程材料都是经由我们部门发放的。运送材料所用的车，属于佛山市公路局管理，我们用车时提前做好计划，佛山市公路局会分派专门的工程车供我们使用。

1963年，我调到沙口渡口所当所长，一直到退休，至今已经28个年头了。

披星戴月

渡口所与材料供应股的工作完全是两回事。刚去的时候我还不太熟悉工作,但渡口所制度清晰,岗位权责明确,我很快就适应了新的岗位。

当时的国道G105线中山段分为干线和支线,中山石岐到广州是主干线。那时候整个主干线都没有桥,车辆过海(这里的海其实是珠江,我们习惯叫过海)都要靠渡轮。主干线一共有五个渡口,其中有三个在顺德,分别是容奇、细滘和三洪奇,中山只有一个,就是沙口渡口所。渡口和渡口之间间隔最远有七八公里。渡一班船的时间要看海的宽度,容奇渡口十几分钟可以渡一班船。沙口海很窄,才150米,4分钟左右

2008年2月,中山市公路局副局长黄建文(中)、徐家发(左)探访离退休老干部何浩(右)

就可以渡一个班次。

早期渡口所渡船不收费，没有营业收入。渡口所的营运经费全部来自中山公路工区，出纳人员收集好日常的费用单据，每月申请报销。

渡口所由四个班组加一个后勤组组成，将近40人，人员流动不大，基本是固定的。车多的时候我们会请临时工帮忙指挥车辆。

码头有东岸、西岸，所长和副所长分别负责码头两岸，维持交通秩序。我通常在码头待着，有时候也会跟船，拿着大喇叭循环播放安全守则，解说人员和车辆上下的顺序规定。

驾驶员，也就是舵手，是负责掌舵的技术人员，他们需要经过系统的培训学习，通过正式考试取得牌照之后才能上岗，舵手分为大副、二副多个等级。此外，渡口所还有专门负责升降桥板的水手，保证船只安全的机房人员等，人员安排权责分明，大家各司其职，都能尽心尽责地完成工作。

只要有车辆过海，即使只有一台车，也要将它运送过去。我们的日常工作很繁忙，有时连吃饭的时间都没有，只能带饭到公路旁一边指挥一边吃，员工都很淳朴，从不偷懒。通常情况下，凌晨两点到四点没有什么车过海，夜班工人可以稍微休息一下。周末加班有补贴，在国家法定节假日上班可以领双倍工资。夏天还会给员工发高温补贴，我们笑称这是"清凉饮料费"。

佛山市公路局每季度都会组织一次各渡口所间的评比活动，一年四次。评比期间，所有所长集中到佛山市公路局下辖的二十多个渡口所视察，对管理、渡运、安全等科目逐个评比，票选出先进单位。我在任时，沙口渡口所获得过两次先进单位的奖项。我对员工说："评选上了我们开开心心拿奖，评选不上就按意见整改，争取把以后的工作做得更好，对待这些荣誉，保持平常心就好。"

梦里才有的假期

二十世纪六七十年代，普通员工的月工资大概四十多元，我的工资是44元5毛，十年都没变过。那时赶上"文革"，可以加工资的职工名额很少，需要投票评比讨论，几百人中选十个。由于养路工人工作辛苦，劳动强度很大，仅有的几个加薪名额都留给了道班。

我们上夜班也不轻松，但比起养路工人还是好一些的。在渡口所工作，地点固定，不用风餐露宿，上夜班还有夜班费，每晚五六毛钱的样子。为了解决员工的吃饭问题，渡口所还设了专门的厨房，供应午餐和晚餐。

为了鼓励节约，提高职工收入，二十世纪七十年代初，我们试行了一项成本核算政策，记录各个班组工作的日常用油量，使用少的班组可以在节约的部分里提成。不过，这项政策执行两三年后就取消了。

当时，中山公路工区属于佛山市公路局管辖。但是行政的相关事务，例如工资的发放又由中山县管理。所以中山县和佛山市不定时组织的会议我都要参加，时常两头奔走。

我和妻子生育了4个孩子，6个人挤在22平方米的房子里，生活很拮据。当时渡口所没有宿舍，我们住的房子是向房管所租的，我每天骑自行车上下班，来回四公里。渡口所的工作很忙，不能随便休息，领导体恤我辛苦，多次想安排我休假或者旅游，都因为工作繁忙而没能成行。我从来没有想过辞职或者调换一个轻松点的岗位，只希望在任期间不出事故就安心了。

工作一辈子，我始终服从组织安排。材料供应股和渡口所的工作性质完全不同，当所长要负责整个渡口所的人员管理、卫生内务、安全渡运……我没有受过什么培训，都是一边干一边慢慢摸索。

赔上人命的教训

渡船需要按年份定期入厂保养修理,日常养护则由渡口所负责,每周进行一次清洁和保养。除了护理船身,我们还要钻进舱底做清洁、扫油、翻新船只等,工作量很大,由各个班组轮流负责。我作为所长,每次的清洁养护都得参与,比普通员工更辛苦。每个季度,佛山市公路局会组织各个渡口所交叉检查渡船的清洁保养状况、渡口所的宿舍管理情况等。

员工入职时,我们会统一进行安全培训。所有人必须严格按规定完成工作,上下渡船要遵循"车在前,人在后;小车在前,大车在后"的顺序。有些司机比较大意,或者因为视觉盲点,开车时不慎撞到随船员工的状况偶有发生,不过码头的车速一般很慢,大多数时候只是些小磕碰。

何浩近照(摄于2018年3月29日)

我们平时工作谨小慎微，但防不胜防，工作几十年，出现意外在所难免。三十四年前的某天，一家人开着私家车去旅游，三更半夜过海，许是因为疲劳驾驶，司机把车开过安全桩，车子失控掉下了海，赔上了几条人命。那时我轮休，不在现场，事故之后，渡口所停航调查，最后查清主要责任在于司机。所以行车在外，一定要时时刻刻注意安全。

遇到风雨天，工作难度会加大许多，所长就要负起责任。有时人手不够，所长要自己顶上。但驾驶员及机房的岗位不能随便找人替代，这些重要岗位的员工休息时，我就到佛山市航道局请求支援，找人替班。

春季雾雨天多，江面的能见度低，有时完全看不到对岸，也看不到来往的船只，这种情况必须停航，待雾气散开，能看到对岸时再开航。当时没有天气预报，航运状况全靠肉眼分辨。逢上汛期江上水流湍急也不能开航，司机在码头等得心焦气躁，不时催促我们赶紧开船，但是安全第一，为了运输安全着想，宁可慢一点，也要保证安全。

在渡口所工作时，遇到的最大问题是船只数量过少，车辆一多就很难周转，有时差不多要排一公里长的队。有很多车主不听指挥，强硬插队往前冲，遇到有车插队的时候就麻烦了，路窄，一堵就是半个小时甚至一个小时，车与车紧贴着寸步难行。遇到这种情况，只能指挥车一辆一辆的往后退，直到空出一辆车的空位，方才慢慢疏通。我们指挥时要大声喊话，声音常常是沙哑的，还要向司机一个个解释、讲道理。排着队，司机肚子饿，想上厕所也不敢走开，等到没有耐心，于是就靠骂渡口所的员工发泄情绪。解释完原因，司机再爆粗口，我们也只能默默忍耐。毕竟我们作为提供服务的工作人员，公在先，私在后，受些委屈在所难免，总要忍让几分。

后来佛山市公路局安排了大载量的渡船，情况有所改善。但大船需要的员工也多，就要增加宿舍，后续的很多工作需要跟上。

饿肚子饿出水肿病

"文化大革命"前后,全国各地都在搞运动,一年一个小运动,三年一个大运动,什么"四清"[①]"破四旧,立四新"[②]……会议也很多,对很多单位都产生了影响,但对渡口工作的冲击不太大。那段时间,很多单位的派别斗争很紧张,渡口所相对单纯很多。

在渡口所工作期间,我曾被下放到长江县办五七干校,一年多后,我又被抽调到斗门下乡参加农村运动。当时条件艰苦,粮食配给不足,很多人饭吃不饱,身体都是水肿的。几个月后,因为工作需要,我又被调回了沙口渡口所。

我再回到渡口所的时候,月工资涨到50元5毛,之后的十几年再没有涨过工资。我退休之后,工资反而两年一涨,我很满足。

面朝大海,春暖花开

1975年,佛山市公路局调拨了四车船给我们使用。1977年,我们有了六车船,载量更大,六车船一次可以载6到8辆大客车或者12辆小车。1984年,我们有了十车船。

渡口所早期的人员和设备足够,那时候一天才几辆客车,货车不多,几乎没有私家车。后来车辆逐年增加,一天24小时基本没有空档,渡口码头的车经常排着长龙等待。渡口所的压力越来越大,已经跟不上改革开放之后市场发展的步伐,跨海大桥的建造提上了日程。

---

① "四清",是1963年至1966年5月先后在大部分农村和少数城市的工矿、企业、学校等单位开展的一次社会主义性质的清政治、清经济、清思想、清组织的教育运动。

② "破四旧,立四新","破四旧"是指破除旧思想、旧文化、旧风俗、旧习惯;"立四新"是指树立新思想、新文化、新风俗、新习惯。

1984年，沙口大桥建成通车，沙口渡口所也完成了它的历史使命。

大桥通车之后，渡口所的原班人马基本都调到沙口大桥收费站工作，我那时临近退休，便选择留守在渡口。加我在内，留守渡口所的一共四人。从前繁忙的码头一下子冷清了，平日除了搞搞卫生也没什么别的工作，闲暇时候，我们四个人常对着大海喝茶聊天，日子宁静祥和，是真正的"面对大海，春暖花开"。

遥望不远处的沙口大桥，想起当年渡口的繁荣热闹，再聊到公路这么多年的发展，真是感慨万千。我们是渡口所最后的留守人，见证了这个小小的渡口盛衰。渡口留下了无数人的青春与回忆，尽管它终将湮没在经济发展的尘烟中，但它曾经为往来过海人们提供的便利，为中山市经济发展作出的贡献，是值得永远被铭记与尊重的。

尹辉元

择一事，终一生

尹辉元，1936年11月生，广东省罗定市人。1958年8月起在粤中船厂工作，1963年调至中山公路工区三乡道班，1964年调到南朗崖口道班任班长，直至1999年退休，在任35年，退休前职级为技术工三级岗位（高级工）。

身世可怜的"苦瓜仔"

我是罗定①人，家里兄弟四个，我排行老二。我父母去世的早，家里很穷。我没有进过学校，很小就下田干农活了，还总是挨饿，日子最艰苦的时候只能用野菜做成汤当饭充饥，现在回想起来都觉得难熬。1958年，县里的生产队要派一些没有家庭负担的人外出干活，我一个单身汉，没什么牵挂，生产队就选了我。我的想法很简单，只想工作以后，生活能过得好一点，能吃饱饭我就满足了。外出之前，我向一位伯父借了7元钱坐车到中山，从此开始了我的公路生涯。

我在中山工作的第一个单位是粤中船厂，平时的工作是上山砍杉树用作造船的原料。我二十几岁，很有力气，也很珍惜这个工作机会，有时天气不好，别人都不愿去山上干活，我却一定会去。同批进厂的

---

① 罗定，广东省辖的县级市，位于广东省西部。

一千多人里，后来留下的也不过十几个，其他人都回农村了。我们领导评价我："这个小伙子表现不错，工作认真负责，一定要把他留下来。"

刚去的时候我没有房子住，也没有宿舍，便凑合着在单位的办公室睡觉。但这样不是长久之计，我的领导便联系中山市交通运输局，他说："我们这边有个工人没地方睡觉，你们有没有办法安置他？这个小伙子很不错，眼里有活儿，做事踏实，让他回农村很可惜呢。"就这样我来到了公路局。

与农民斗智斗勇

1963年，我被分配到三乡道班，每天工作八个小时。我没有交通工具，只能走路上下班，来回一个多小时，每天早出晚归。以前修路时，不允许工人在工地附近搭棚居住，我们只能每天早上从道班走路过去，下午收工再走回道班，日日如此。我们的工作很繁重，常常是手上的工作刚忙完，又接到新的任务，还经常需要晚上加班担沙，准备修路的材料。有一次为了修路，我们一直走到中山与珠海的交界处，工作完成后走路回到宿舍，整个人都累得趴下了。

汽车不多的时候，一天只有五六台车过路，掰着指头都能数过来。因为车少，路上都长草了，我们要定期锄草，否则雨天草堆容易积水，一积水路就烂得更厉害了。雨天过后，沙土路会被雨水冲刷出很多坑洼，车在上面行经一两趟，小坑很快就会变成大坑，所以小坑一出现，我们就要及时清理修补。

养路工不仅负责修路，还要自己寻找补路的黄泥沙土。六七十年代，中山县还没有运输车，整个佛山地区也只有两三辆专门运输黄泥沙土的工程车。只有距离比较远，或者运输量太大时才会申请调拨工程车，递交申请之后还要排队等通知，很久才能排上一辆。所以六七公里范

尹辉元
择一事，终一生

二十世纪六十年代，养路工人精心呵护能减轻人力劳动强度的牲口

围内，我们用木斗车运送居多。

我们真正花在修路上的时间不多，更多的时间都用来寻找和搬运材料，一上班就没有停下来休息的时候。实行小道班制的时候，每个道班的人员不多，工作很繁重，完全没有娱乐生活。为了减轻负担，我们养了一头黄牛帮忙干活，每天下班后要割草喂牛。每逢周一、周三、周五晚上要开会，进行政治学习和工作汇报，不参加会议还会扣工分[①]。

沥青路的修建使路面杂草疯长的情况改善了很多，工人锄草的压力也相对减轻，养路的主要任务变成了补沥青、熬煮沥青、开水沟。

---

① 工分，起源于新中国成立后农村建立的农业生产互助组，在农业生产合作社和农村人民公社中普遍采用。主要有底分死记、底分活评、定额记工、联系产量计算劳动报酬等。

沥青路最怕水，雨水一旦渗透到路的底层，路就会开裂烂掉，开水沟可以使积水顺着沟渠流走，有效缓解这个问题。很多公路旁边是农田，在农田旁开水沟会受到农民的阻拦，他们怕水排到农田里毁坏庄稼，有些人直接破口大骂，上来动手动脚，我们只能把姿态放低一些，做完事赶紧溜。

修路时如果靠近居民房屋，他们担心车辆的行驶声响太大，也会向我们提出意见。有一次在古镇修路，当地居民百般阻挠，我们只好一遍又一遍劝说，向他们解释修路是为了便利大伙的出行，我们一定控制好马路与居民楼的距离，不打扰他们休息。

人工熬煮沥青是非常辛苦的活儿，又脏又累，衣服一碰到沥青就被染黑了。凭票定量供给柴米油盐的日子里，每个人每年只能分到几

中山市公路局沥青拌和中心（摄于 2008 年）

尺布，一年到头好不容易做件新衣服，煮沥青还把衣服弄脏弄破，实在是心痛。后来有了沥青搅拌机，可以用机器搅拌沥青，我们只需将沥青在路面铺平，工作轻松多了。

从道班工人到工程队队长的晋升之路

由于工作表现好，我很快升任为班长。从普通工人到道班班长，身份变化了，但我心态上没有什么变化。班长也是普通员工，我要带头做好分内之事，才有资格带领大家工作。工友认可我的工作，经常在各种评选活动中把票投给我，我的票数总是很高，但我婉言谢绝了这些荣誉。我很感谢大家的肯定，但我更想把名额让给其他工友，让给那些努力又负责任的人。

翠亨村到烈士陵园的路段曾有一个陡坡，为了改建这个陡坡，我们做了一个改弯扩坡的工程，将原来90度的弯拉直，改成一段平坦的道路。那项工程难度很大，顺利完成之后，我们道班受到了多方表扬，上级领导都很惊讶："这么难的工程你们居然做到了！"因为这个工程，我们道班也被评为省级先进道班，这是属于崖口道班所有养路工共同的功劳与成绩。

我自知文化水平不高，工作起来更要打起一百分的精神，比别人付出多几倍的努力。公路局曾经有一项从石岐到小榄的大修工程，工期历时三年，由几个道班组成工程队负责整个工程。领导信任我，觉得我很有责任心和团队意识，就安排我担任工程队队长。工程结束后，工程队解散了，我又回到崖口道班当班长。

我没读过书，但我平时会多动脑筋，整天琢磨怎么当好班长，吃饭睡觉的时候都在琢磨。我很遗憾自己没有上过学，读书很重要，如果我有点文化，也许能做得更好。

尹辉元近照（摄于2018年4月11日）

中山公路工区的领导经常下基层，他们很朴素，出行没有配备汽车，骑单车都很少见，常常走路过来，与我们同吃同住，和工人一起干活，工间休息时和我们一起抽烟聊天，即便是工区书记、工区长也完全没有架子。

"文化大革命"期间，为了提防阶级敌人破坏公共财产，我们经常巡查道路和桥梁，不过我倒不曾发现有人破坏的情况。也不知是否该庆幸自己出身贫苦，在人们眼里，我根正苗红，又是没有读过书的大老粗一个，身份再清白不过。领导还曾想安排我进入中山公路工区的领导层，我推辞自己没文化，谢绝了领导的好意。

养猪当副业

养路工人的工资很低，我要养育四个孩子实在吃力，所以一有机会，我就想办法多挣点钱，周末几乎没有休息。作为班长，外勤支援其他道班的工作可以得到每天四毛钱的补助，尽管如此，生活还是捉襟见肘，我就想办法筹谋些副业。我曾经养过猪，把猪苗买回来，养到六七十斤再卖掉。我用卖第一只猪赚的钱买了一辆自行车，后来又卖了一只猪买了缝纫机。我家小孩多，需要缝补的衣服也多，有了缝纫机就方便多了。

穷人的孩子早当家，我的孩子都很懂事，他们放学后会去割猪菜，或者找些番薯苗，我记得黄日煊的儿子也曾和我家小孩一起做这些活儿。这些孩子都很乖巧，年纪小小就懂得体谅父母的辛苦。

我现在退休了，和孩子一起住在中山。我的四个孩子中，只有女儿进入中山市公路局做文员，现在她也退休了。公路局给我们这些退休职工提供的福利不错，每个季度还会组织茶聚，不过我年纪大了，很少去。劳碌半生，现在能够过着平安健康、衣食无忧的生活，我很开心。

谢顺钿

平凡养路工的闪光人生

谢顺钿，1941年8月生，中山市石岐区人。1958年参加工作，曾在中山钢铁厂工作，1964年调到沙口渡口所当水手，一年后调到三乡道班做养路工，1973年起任三乡道班班长直至1998年退休，退休前职级为技术工三级岗位（高级工）。

从码头到公路

我1958年参加工作，在中山钢铁厂做一名机械工，那段时间刚好是"大跃进"[①]。后来钢铁厂解散，我到一家出口公司开船，结果运气不好，我没干多久，公司就倒闭了。1964年，中山县劳动局[②]的办事人员看我有出口公司的工作经历，就把我安排到沙口渡口所当水手。

我刚到渡口所时，所里只有两艘渡船，一艘船可以渡三辆车过江。我的日常工作就是管理渡船上的车辆，当船靠岸或者起航的时候负责收放渡船与码头连接的船板，轻松又简单。在渡口所工作了一年以后，

[①] "大跃进"运动是指1958年至1960年间，中国共产党在全国范围内开展的极"左"路线的运动，是在中共八届三中全会及其以后不断地错误批判1956年反冒进的基础上发动起来的，是"左"倾冒进的产物。

[②] 中山县劳动局，中山市劳动局的前身。

国道 G105 线三乡路段（摄于 1995 年）

我被调去三乡道班，成为了一名养路工人。

大道班改革以前的道班都是小班制，一个班七八个正式职工，加上几个临时工，整个道班也就十来个人，要负责十多公里的路面养护，平均每个人就要分管一公里左右的公路。虽说是八小时工作制，但我们经常需要加班干活，从每天早上六七点开工，一直工作到晚上六七点，中午只有一个小时左右的休息时间，工作强度还是很大的。

我刚去道班时，班里除了两个有经验的老师傅，其余都是年轻人。我们道班的人员变动不大，工作虽然辛苦，却没人想过辞职，可能因为大家都出身农村，要求不高，每个月有固定工资收入就十分满足。年轻人有的是力气，累一点没有关系。

一把铁锹度春秋

　　我做养路工没有受过专业培训,都是看其他老工人怎么做就跟着有样学样。刚入行时,也几乎没有机械设备可用,干活基本靠人力,只有一些简单的农用工具,像铁锹、扫帚、耙子之类,运输养路材料的工具只有一辆木斗车。

　　二十世纪六七十年代,中山的公路还是沙土路、泥路,下雨过后是工作最辛苦的时候。公路经过雨水的浸泡变得泥泞绵软,车辆经过,路面会被压出很多坑洼。天一转晴,我们就要开始修补破损的路面,用沙土混合物填补坑洼,这项工作说起来简单,做起来却不容易,每条路段的修理都要耗费数日。用沙土填补坑洼以后,还要用花洒桶装水淋湿路面,连续洒水两三天,路面才会变得紧实,不易破损。三乡道班管辖的地方是国道,要求比乡道更加严格,标准也更高。

　　我们在沙土路的两边开有水沟,以便下雨天雨水可以顺着水沟排出去,不会残留在路面上。但是水沟是露天的,使用时间长了会有树叶等垃圾堆积其中,需要经常清理水沟里的垃圾。沥青路的排水方法与沙土路一样。后来,公路两边修起大型混凝土水沟,我们的工作轻松很多,定期打扫一下就可以了。

　　遇上连续大暴雨的天气,多半要抢修公路。经过大雨冲刷的路面不适宜车辆通行,我们要外出巡查,检查路面情况。各个道班巡查自己负责的路段,将路面上倒塌的断树拉到一边锯断清理,以防阻碍路面交通。当时没有起重机之类的工具,全部靠人力拉锯,被雨水泡湿的树木锯起来特别吃力,锯开的木材我们经常拿回宿舍当柴火用,当地居民如果需要也会来取用,这样可以减轻我们后续处理的压力。有一次在三乡,大雨之后,整条路被冲得"翻了个儿",我们找周边居民收购了一些沙石填补路面,整个抢修过程持续了三四天。

三乡道班班房旧址（摄于二十世纪九十年代初）

  公路的整洁畅顺是我们的目标，我们每天要清扫司机过路时留下的垃圾。沙土路的绿化也由我们负责，我们要定期养护公路两边的绿化区域，除去杂草。当时公路两边都会种树，大部分是尤加利树，这些树是在公路建设初期种下的，如果刮风下雨树被吹倒，清理之后要统计数目上报，申请树苗重新栽种。这些都是公路养路工作的一部分。

  做公路养路工作最重要的东西就是养路材料，当时拨给道班的经费很少，根本不够采购修路原材料，只能工人自己想办法解决。我们会去附近的山上寻找合适的泥土沙石，山上的挖得差不多了，就去河涌挖泥沙，挖出来再用木斗车拉去工地，有时车不够用，就靠肩挑手提。

  后来情况稍微有所改善，挖石头挖沙还是靠人力，但可以用拖车搬运沙石，每个道班都配有一部手扶拖拉机专门用来运输材料。到我快退休的时候，农用机、拖拉机的数量多了很多。现在养路工作的机械化程度就更不用说了，想想以前的艰苦条件，我真羡慕现在的人。

晴天一身土，雨天一身泥

　　公路养路工作有一定的危险性。工作时，我们只能封闭一侧路面，车在另一侧经过，以前用来提示过往车辆的施工牌不过是在花洒桶上插几根树枝树叶而成，没有雪糕筒这么明显的标志。很多时候司机注意不到，不会放慢车速，车辆呼啸而过，扬起灰尘沙粉溅到我们身上，回家洗衣服，一盆水都是黑的。

　　做养路工作，中午吃饭是个大问题。早饭一般在宿舍解决，中午就在工地生火做饭。我们自带锅碗瓢盆，菜多半是自带的咸菜，煮饭用的水是从附近的山上挑的，柴火也是就近捡拾，天气好的时候我们会摘一些野果煮着吃，像野餐一样，也是苦中作乐。

　　遇到下雨天，野外的柴火都被淋湿，就没法做饭了。1973年，我任道班班长的时候，决定改变这种现状，结束长期风餐露宿的生活。每天上午活儿干得差不多的时候，我先派一个人回宿舍煮饭，其他人继续干活。11点下班大家就一起骑单车回宿舍吃饭，当时道班有一辆公用自行车，有些人也有自己的自行车。吃完饭大家在宿舍休息到下午1点再开工，一直工作到晚上，这样吃饭和休息的问题就都解决了，下午干活也会更有精神。这个改变是从我们道班开始的，后来很多道班都学习我们的做法。

舒服还是健康

　　随着公路的发展，沥青路逐渐开始取代沙土路。初期的沥青路底层是泥土，如果雨天积水，水渗到公路里层，路面很容易破损开裂。

如果渗水严重,需要挖开路面,一直挖到最下面的泥底,重新填补石灰石粉,再铺上一层沥青。

相比沙土路,沥青路的养护没有那么辛苦,最麻烦的工作就是熬煮沥青。熬煮沥青时,要在一口大炉下生火,将一桶桶沥青倒进去融化,再倒沙土进去搅拌,煮出来的沥青必须达到两百度的高温。干这个活计,工人都热得浑身湿透,个个像从水里捞出来的一样。煮沥青的工具由公路局统一制造分发,我们上报所需工具的规格,由专门的加工厂进行生产。沥青路出现以后,养路工具也比之前更加多样化了。

我们不爱戴口罩之类的护具,以前是因为条件艰苦,舍不得把钱浪费在这种地方。后来条件好一点,工区给员工派发口罩,我们也不喜欢戴。养路工作很辛苦,特别是煮沥青的时候,滚滚的热浪、巨大的噪音、刺鼻的气味直让人胸闷、昏眩,如果再戴上口罩闷住口鼻只会更不舒服。

三两蚊就做到我地傻 ①

我在渡口所时,一个月的薪水只有 33 元 7 毛。后来做养路工,一个月只有 30 元钱,勉强够自己用,几年后才涨到 40 元。养路工的工资与级别挂钩,我退休时是三级岗位的技术工人,每个月仅能拿到 42 元。

养路工人的工资太低,存不下什么钱,所以我们会努力抓住一切赚钱的机会。工区每个月组织一次评比,所有的道班都会参与,评比中表现好的道班可以得到奖金,平均到每个人头上大概两三元钱。为了这个奖金。大家都拼了,我们常开玩笑说:"三两蚊就做到我地傻。"

① 意为养路工人为了争取几元钱奖金拼命工作。

DIY 达人

以前没有什么娱乐活动，我们用公路上清理回来的废木头做了一张乒乓球桌，工友们下班后可以打乒乓球放松一下。1988年，我们宿舍有了第一台电视机，大家都兴奋不已，连附近的村民都过来看热闹。那时候电视机是很稀罕的，有了电视机，大家打发业余时间也有了新的娱乐放松方式。

我经常有很多"奇怪"的想法，同事都叫我小发明家。在公路两旁的树木底部刷上一圈石灰水就是我发明的。我把三乡道班负责路段两边的树木全部刷上石灰水，不仅能防虫害，一排树看起来也更加整齐漂亮，后来其他道班也学习我们的做法。我还喜欢做手工，道班宿舍的木床都是我们用废旧木头自己做的，我还给每个床位配置了一个木柜，用来放鞋子衣物，很精美。做好之后宿舍整齐美观了许多。

平淡生活的幸福

为了配合公路局的大道班改革，我延迟了一年，到1998年才退休。改革之后，大道班的优势很快凸显出来。虽然大道班管辖的公路比以前长，但养路逐步实现了机械化，工作效率提高，养路工的劳动环境也改善了许多，大家可以坐在干净整洁的食堂吃饭，宿舍的条件也比以前更好了。

1964年，我去三乡道班时，我的第一个儿子刚刚出生，靠我一个人的工资很难维持生活，妻子便和我一起到三乡道班做养路工，孩子只能拜托别人帮忙照看。像我们这种两公婆[①]在同一个道班的情况很常见，十几个道班里差不多有六七对夫妻。我们两公婆搭档了几十年，

---

① 两公婆，在粤语中指夫妻俩。

谢顺钿
平凡养路工的闪光人生

谢顺钿近照（摄于2018年3月24日）

一共养育了三个孩子。

现在我儿孙满堂，我和妻子的退休金每个月加起来有一万多元，生活过得滋润惬意。我有一个关系很好的工友，我们几乎天天见面，每天早上他都会准时到我家小坐一会儿，大家喝点茶，吃口烟聊聊天，他就回去了，他说权当锻炼身体了。

我的公路生涯苦乐参半，个中滋味只有自己明了。我不后悔这一生付出给公路，唯一遗憾的是我的孩子中没有人从事公路工作，我没有接班人。不过这是他们自己的选择，我也尊重他们。

关长根

一位军人副站长的转业回忆录

关长根，1938年5月生，中山市港口镇人，共产党员。1959年参军，1966年退伍后分配到佛山市公路局。1978年调至中山县沙口渡口所工作，负责开渡轮。1984年沙口大桥通车后，调至沙口大桥收费站①工作，曾任沙口大桥收费站副站长，1994年10月退休。

当船长的那些日子

我是中山市港口镇人。1959年，我参军入伍，当时二十几岁，在部队待了8年后退伍，我被分配到佛山市公路局下属的平洲渡口所当水手。一段时间之后，渡口所安排我学习开船，我先根据资料自学，一边学习一边跟着老师傅实践，后来又去佛山市航道局考取了渡船驾驶证。

1978年，我被调回中山县沙口渡口所，负责开渡轮。那时中山县属佛山地区管辖，沙口渡口所也隶属于佛山市公路局。渡口24小时都需要人开船，我们是轮班上岗的，每人每天的工作时间是6小时，上班时间基本固定。白天两个班次，一班从早上6点到中午12点，另一

---

① 2001年11月20日，沙口大桥收费站更名为国道G105线中山段东凤收费站。

班从中午12点到下午6点。晚上两个班次,一班从下午6点到晚上12点,另一班从晚上12点到第二天早上6点。每个班次8个人,一共也才32人。算上后勤人员,整个渡口所人数最多的时候有六七十人。

渡口所的人手不足,佛山市公路局就从各个道班抽调人手来沙口渡口所工作。我们的工作分工很明确,有掌舵的船长,有看管船只、桅杆的水手,还有负责看管渡轮的轮机手。水手要帮忙固定渡轮上车辆的车轮,以防船只行驶时颠簸,车辆乱动互相碰撞。船靠岸后,水手还要指挥车辆下船,登记每辆车的车牌,用于统计。渡口所的人员流动率较高,只有掌舵的船长,即拥有驾驶证的正式职工是比较固定的。

沙口渡的江面大概150公尺宽,开船只需3分钟就可以到达对岸。上岸后我们也没有时间休息,因为要不间断地运载车辆上下渡轮,运载完毕要即刻返程,一趟来回大概七八分钟。早期渡口所渡船是不收费的,渡口所营运的资金由省里拨款,按需开支。我们按照可运载的大客车数量来计算渡轮的运载量。最初的渡轮是那种简陋的木船,一次只能运载两三辆大客车,那时车辆不多,足以应付。随着经济发展速度加快,三车一船已经不能满足需要。后来有了铁船,船体更大,

国道G105线东凤收费站退休人员合影(摄于2008年9月)

一次可以运载六辆大客车或者十几辆小型汽车，运载车辆较少或者小型车辆时就用木船，其他情况用铁船。再后来，木船不适应时代发展的要求，逐渐被淘汰了。

沙口渡连接东凤和小榄两个镇区，是往返珠海和广州的必经之地，因而它也是广珠线的交通枢纽。路桥的发展必须跟上车辆增长的速度，随着车辆日渐增多，不久后，沙口渡口所附近建起了一座沙口大桥。有句话说，"路通财通"，路桥的发展也大大促进了中山市经济的发展。

领导"替"工人值班

1984年，沙口大桥通车，沙口渡口所关闭，大部分渡口所工人转移到沙口大桥收费站工作，我也是其中一员。少部分觉得自己不适合收费站工作，或者临近退休的职工，就没有随整体搬迁，而是选择到各个道班工作。收费站的人员结构很简单，包括我在内一共两个领导，我是副站长，剩下的就是财务科的几位同事和负责路桥收费的职工。

最初，大桥收费站的一百多名工作人员都是从沙口渡口所调过来的，职工的男女比例大概一比一。对于这种转型，大家都适应得不错，心里基本没什么意见，只想努力做好自己的本职工作。收费工作难度不大，需要人手时，我们会安排那些没有工作的职工子女来这里上班。不过这种情况比较少见，大部分时候还是从道班抽调人手。

收费站工作是24小时轮班制，一共四个班，每个班有班长负责，作息安排和渡口所一样。工作时如果遇到突发情况，班长要随时前去处理，没办法处理时，我们两个领导就会"亲自上阵"。到了夜晚，尤其是凌晨车流较少的时候，辛苦一天的职工也很疲惫了，如果真的太累身体支撑不住，我们也会让职工休息，安排班长帮忙顶班收费。有时到了下半夜，领导也要值班。

大桥收费站的管理很人性化，工作安排并不会因为身份不同而有什么差异。那时过路的车辆不多，很多人骑着单车出行，摩托车都很少见，更别说汽车了。工作量不大，这样安排也不会产生什么问题。

大桥收费站的主要工作是征收过桥费，没什么难度，但要注意很多琐碎的细节。从培训职工收费和开具发票，到交代他们每天下班前把钱和票据交给办公室的财务人员，事无巨细，我们会手把手教导职工，直到他们熟悉业务为止。收费员基本都是年轻人，上手很快。那些年纪稍微大点的职工，我们通常会安排他们在办公室工作。

随着经济的发展，马路上的车辆越来越多，我们既要负责收费工作，又要维持桥面的通畅，工作量相应增大。于是，大桥收费站开始公开招聘临时工，负责维护交通和清扫桥面，并会优先考虑职工子女。过去，养护桥面和维护交通秩序的专业器具很少，只有锄头、扫帚、反光衣、反光杆等最普通的工具。很长一段时间内，这些工具都没有什么变化。现在有扫地车、洒水车……工作的机械化得到了很大提升。

沙口大桥刚通车时，有四条车道：两条上桥，两条下桥。后来往来车辆越来越多，增加到六车道。我退休之前已经是八车道了。听说，后来还发展到十车道。这种改变对于市民的出行真是越来越便利。

日入几十万，成为银行大客户

按规定，路桥收费的资金需要当天存入银行。虽然银行离大桥收费站不远，最近的东凤银行距离只有一公里左右。安全起见，我们还是会安排保安护送出纳去银行送钱。护送的方式很简单，我们将收回的过桥费用专门的箱子存放，并上好锁，只有银行才有打开箱子的钥匙。每天下午两点到三点之间，由配带电棍的保安骑着自行车护送出纳去银行。

那时征收的过桥费不多，这种保障已经足够。随着经济发展，马路上的车辆增多，需要过桥的车辆也更多了，我们每天都能征收到十几万元甚至几十万元的过桥费。对银行来说，我们也算大客户了，所以银行每天会派运钞车过来收钱。1992年起，银行将一台点钞机放在大桥收费站财务科，专门用于清点每天征收的过桥费。那时，我也临近退休了。

为拿奖金练出"火眼金睛"

大桥收费站的工作和渡口所的工作有一个很大的区别，就是大桥收费站设有奖惩制度，员工工作做得好有奖金，做得不好会受到相应的惩罚。判断标准主要是路桥收费工作是否存在失误。每个月各班次进行统计，如果月末核对账目的时候发现发票数量和钱对不上，就算工作失误，钱收多了要充公，收少了则要自己出钱填补亏损。

作为一名合格的大桥收费站员工，一定要眼疾手快。以前没有辨识车辆车型和载重吨数的电子设备，什么车该收多少钱，只能靠收费

2006年11月，国道G105线东凤收费站工作人员进行收费工作

员工的一双眼睛判断。我们的员工都练就了快速识别车型和车辆载重吨数的能力，很少出现收错钱的情况。比如一辆载重4吨的车应该收费6元，员工要马上撕好票拿给司机再收钱。收钱与给票的环节考验的是反应速度和手速，识别车辆载重量考验的则是眼力。同时，还要留意避免收到假钞，收费站员工鉴别伪钞的能力也很强。收钱工作做的越快越好越准，奖金就越多。在这样的制度激励下，大家才会有竞争意识，自然会集中精神做好本职工作。到了九十年代，我快退休的时候，才有专门的电子设备辅助辨别车型和载重量，我们的工作强度才稍微减轻。

如果车主之间，或者车主与收费站执勤人员发生矛盾，我们需要及时上前调解，秉着公事公办的原则公平处理，绝不偏帮一方。有一次，

2007年9月，中山市公路局举办第七届职工运动会拔河比赛

一位司机不肯缴费，言语举止十分粗鲁，执勤的职工脾气火爆，一气之下用石头砸车，把对方的车窗玻璃砸烂了。车主来到办公室理论，向我们讨要说法。我告诉司机，他不肯缴费有错在先，但我也不会包庇自己的员工，错了就是错了。我要求那位犯错误的员工向司机赔礼道歉，到了年终，又扣掉了这位员工的部分奖金以作惩戒。

面对不肯缴费的司机，我们其实没有很好的解决办法，即便用栏杆阻止车辆通行也起不到什么作用。有的司机素质不高，还讲粗话、欺负女同志，我们除了在旁劝导几句"文明社会，大家都文明一点"之外，也没什么别的办法。一直以来，这都是收费工作的痛点问题。

无论渡口所还是大桥收费站，单位很少组织娱乐活动。职工下班之后各自回家，生活很是单调。大桥收费站有一张乒乓球桌供大家平日运动放松，偶有空闲的时候，几个朋友会聚在一起下下棋。我们的娱乐方式很简单，参与的人也不多。中山市公路局成立之后，局里会定期举办拔河比赛、乒乓球赛、唱歌比赛之类的文体活动，听说赢得比赛的单位和个人还有奖金。遗憾的是，那时我已经退休了，没有赶上这些活动。

子承父业

在渡口所工作时，有很多安全问题需要注意。比如船只对开的时候，要靠掌舵人的一双眼睛分辨对向来船的位置，保持好安全距离，时刻注意避让，我们从来没有出现过严重的安全事故，大家彼此礼让，通常能够顺畅地过江。天气变化对渡口所的工作影响较大，我们会时刻关注天气情况，遇到恶劣天气，比如台风、暴雨时风大浪急，行船比较危险，我们就会停运停航。行船时，如果出现水位比船面高的情况，容易淹没低矮的车辆，我们要用铲子将船面上的水铲走，但是这样做或多或少会对船体造成损伤。

在大桥收费站工作也可能遇到安全风险，以前设施落后，多数工作靠人力，工作时要特别注意来往车辆，毕竟安全重于泰山。有一次，一块挂在桥上的交通指示牌被路过的车碰撞落地。由于指示牌的位置不高，我觉得自己爬上去安装就可以了，便没有叫其他同事帮忙。我借着一把竹梯爬到距离地面三四米高的地方，想把牌子挂好，却一不小心从上面摔下来，伤到了头。我在医院躺了差不多一个月，出院后又在家休息了一个月。后来，我常用这个例子告诫职工，安全生产很重要，要时时记在心中。

作为副站长，我主要负责桥面的清洁管理及安保工作，不需要站岗收费。每隔几天，我会带领员工细细清扫一次路面。我在任时，大桥收费站还没有监控摄像头，为了了解大桥上的状况，我会不定时前去收费站巡查，看看有没有需要帮忙的事情。车流量大的时候，容易出现车辆抢道的现象，导致拥堵和追尾，甚至整个收费站都被挤得水泄不通，不及时处理就会堵塞得更厉害。这时，我会上前协助，指挥车辆通行，疏导交通维护秩序。因为有渡口所的工作经验，我在收费站指挥起车辆也很得心应手。为了保持桥面的通畅，当时有一条政策是如果排队的车超过六辆，可以免费放行，以免发生大排长龙的情况。实际上，这个政策只实施了很短的时间，因为这样操作，路桥费收入少了很多。

那时，我住在单位宿舍，离大桥收费站不远，上下班很方便。收费站的员工中有很多是石岐人，他们下班之后基本会直接回家，只有一些离家较远的职工和我一样住在大桥收费站宿舍。半夜，我会时常出来查看大桥的情况，这是我的职责所在，即使下了班心里还是十分惦记。有时听到往来车辆过路的声音很嘈杂，我担心大桥堵塞，就会

关长根近照（摄于2018年3月23日）

起身出门维护交通秩序。可能因为我是军人出身，为人处事比较严肃，平日里不苟言笑，但员工也不觉得我死板，他们都很尊重我。

　　我在渡口所工作了20年，亲身经历了中山公路飞速发展的时期，直到1994年退休。过去，我从来没有想过渡口所会被大桥取代。中山市公路局成立这么多年，职工的工作环境和生活水平相比过去都得到了很好的改善。我有三个儿子和一个女儿，其中一个儿子现在在东凤公路养护所当副所长，这也算是一种传承吧。

郭锡连

汗水谱写的公路人生

郭锡连，1938年1月生，中山市火炬开发区人，共产党员。1957年参加工作，先后负责长洲至大涌路段、麻斗至斗门路段的养路工作，随后相继在斗门、三乡、神湾、西柽等多个道班工作，1994年退休，退休前任曹步道班班长。

22年的道班班长生涯

我进入中山公路工区工作的时候才十八九岁，是一个同乡介绍我去的。他的名字叫黄九，是工区的工会主席兼领工。

当时，一个道班六七人左右，我每天早上7点上班，下午5点下班，吃午饭和午休的时间有一个半小时。我在的道班不提供宿舍，也没有食堂，我们只能就近租农民的房子住，工作到哪里房子就租在哪里。大家的交通工具就是"开11路"——走路，从住处走到上班的地方大概一个半小时，上下班一天来回就要三个小时。

那时候的路很窄，双行道只有7米宽，够两部车并行通过。路都是沙土质地，每逢刮风下雨，都是我们最忙碌的时候。还记得在深湾道班工作的时候，有段时间天气不好，经常下雨、刮台风，别人都往家里赶，我们反而要外出待命，被雨淋湿后，回家换了衣服，就要接着赶出去工作，一天打湿三四套衣服是常态。我们当时用的防护雨具是很薄的塑料雨衣，非常简陋，风大一点就会把雨衣吹烂，直到后来才有比较坚实的帆布雨衣。

1972年2月，我被调到曹步道班当班长，那一年我34岁。我在曹步道班一待就是22年，直到退休。

当班长比普通工人辛苦很多，既要和工友一起做养护公路的基础工作，管理道班的日常事务、调教新人，还要经常外出检查路况，看看路边有没有缺口和损坏，路面平不平。没有单车的时候，我都是走路去检查。其他项目有需要的时候，班长要充当外援。大修东升到石岐华佗庙路段时，我就被派去支援，公路修好之后，我才回到曹步道班。我们经常需要聘请临时工。公路养护的工作辛苦，肯入行的年轻人不多。加上国营单位的职工编制有限，正式工就那么点人，遇到路面大修[①]等需要大量人手的时候，我们就只能找临时工了。

我当了那么长时间的班长，也会有下属不服气，偶尔不听指挥和我对着干，还有些员工做事不认真。遇到这些情况，我会酌情批评他们几句。事后大家也不会计较，就像什么都没有发生一样继续开开心心上班，努力工作。我有话当面说，说完就算，也没有其他的惩罚措施。大家工作辛苦，为了养家糊口都不容易。

有得做冇得食

曹步道班负责沙口到古镇的路段，总长约14公里。我们没有周末，也没有固定节假日，道班的十几个人轮流值班。大的节日比如春节，我们可以从年初一放假到年初三，后来延长至年初五，放假期间也会

---

① 路面大修，是以全面恢复路面结构承载能力和路面使用性能为目标，对路面的较大损坏实施的周期性综合修复工程。

安排人员值班，一年365天都有养路工在公路上工作。

我们负责的路段每天来往车辆很多，大多数是客车和货车，现在的沥青路都时常会被这些大车压到凹陷，更何况是以前的沙土路。如果逢上雨天，路上出现很多坑坑洼洼，不及时填补的话，车辆经过摩擦力加大，坑洼也会越变越大。

四五十年前修路，需要中山县政府和佛山市公路局拨款。我们先向佛山市公路局申请，佛山市公路局再上报省里的公路管理部门审批，一层一层，程序很繁琐。

刚入行的时候，我们的工资很低，最初一天8毛钱，后来涨到1元2毛，工资不是每一年都涨，等到有工资调整政策时才可以涨。我记得结婚的时候，我的月工资只有37元7毛，退休的时候也才一个月六百多元。

公路养护的工作条件艰辛、劳动强度大，我们的伙食却不怎么好，白饭基本够，大家都能吃饱，但几乎没有油水，切两个大头菜就是一餐的菜。曾经有干部来道班参加劳动，跟我们同吃同住了一段时间，他调侃还不如用空气下饭，什么菜都没有，更没有油水，正所谓"有得做冇得食"①。

二十世纪六十年代，我们的工作还没有奖金。到了后来，每个季度有两三百元的奖金，年终奖不超过一千元。季度奖不是每个人都有，每个道班的名额有限，需要投票决定。我是班长，平时工作比较辛苦，所以工友都投票给我，我经常能拿到这个奖励。这份工作很辛苦，但我从没想过跳槽。我的想法也简单，"做生不如做熟"，在这里工作了很长时间，干起活驾轻就熟，去别的地方工资不一定高，加之公路

---

① 粤语，表示人干的活儿很多，却总是挨饿，吃不饱饭。

局是国营单位，福利比私营单位终究要好一些。

从沙土路到沥青路

没有水泥路和沥青路的时候，公路都是沙土路，修路的基本材料——泥和沙都没有配给，全靠养路工自己就近取材。我们一般去附近的山上挖黄泥，去小河里淘沙，以前随便挖也没人管，两个人搭档，挖好泥沙后再用大的木斗车运送到施工的地方。

我们会按三成沙、七成泥的比例，把备好的黄泥沙土混合搅拌，再用手捏起一团混合物扔到地上，如果它能够散开，而不是一整块地砸在地上，就算合乎标准。随后，再把混合好的泥沙填到坑洼里，洒水压实。沙土路面还要加铺一层沙，用来保护路面。由于沙子干燥松软，车辆经过会使路面表层出现沙梯，我们需要将路面压平，这个工序叫回沙。回沙的工具是工人自己用土办法做的，在一米长的木板上钻个孔，上面插一根竹竿，两个人一前一后配合着，前面的人拖着刮沙的木板，后面的撑着竹竿往前推，这个工作也很耗体力。后来各个道班开始养牛，用牛拖回沙板。再后来有了拖拉机，工作效率提高了很多。

修补公路时，需要每天给路面洒水三四次。泥沙可以用木斗车运输，但水只能依靠人力肩挑手抬，一担水连桶重约六十斤，每天担水、洒水是很吃力的工作，很多工友也因此得了肩颈病。

1964年，中山经历了一次大台风。台风过后，佛山市公路局专门派人前来视察灾情。由于路面损毁严重，有大修的必要。从1969年开始，我们开始慢慢将沙土路改建为沥青路。

中山公路工区曾派代表去佛山市公路局学习，我是其中之一，学习内容主要与沥青路的建设养护有关，授课老师都是佛山市公路局的干部。我们先在课堂上学习理论，然后去工地实践，学成后回到中山把技术传授给道班的其他员工。

我们用的沥青来自茂名石油公司,有进口的,也有国产60号和200号沥青。进口沥青的质量好,价格也贵;200号沥青的质地不太好,像水一样稀,用的时候还要加点硬青进去煮,使用起来不太方便,所以我们更喜欢用60号沥青。

修建沥青路,炒制沥青是必不可少的步骤。没有机器的时候,熬煮沥青的工作是靠养路工人手工完成的。我们会选择在通风处——路边熬煮沥青,沥青与沙土的配比在4∶6左右,炒完后及时用铁斗车把冒着热气的沥青运去修补路面。熬煮沥青和铺沥青都是高温作业,操作时身上被烫出小水泡在所难免。

沥青路的修建最初由佛山市派工程队完成,铺水泥石粉和沥青由他们包干,我们只负责修补路边。后来中山成立了自己的工程队,铺路工作就由我们的工程队完成。实现从沙土路到沥青路的转变之后,养路工作并没有轻松多少,沥青路也需要维护和修补,而且,沥青路修补的时间比沙土路要长,成本也更高。

八十年代,我被调去小榄至石岐路段修建沥青路。领导想安排我当这项工程的队长,我觉得自己还没有当队长的能力,就推脱道:"我只想当副队长,做做协助工作,当个副手就行了。"这个项目算是当年的大工程,历时两个多月,由专门的沥青队负责。整个项目组大概需要六七十人,大家吃住在一起,每个月的伙食由当地政府支持,算好人数向政府报备后,政府每月批一百来斤肉和两三百斤糖的粮食供应我们。"三军未动,粮草先行",解决好这些基础问题,后续工作才能顺利开展。

沥青路铺好之后,我们会上报佛山市公路局前来检查,通常半年一次小检查,一年一次大检查。检查内容包括路面状况和环境卫生等方方面面，有很多细化的指标。如果做得不好，领导会提出问题，要求我们在限期内改正；做得好会受到表扬，发一个奖状或锦旗以示鼓励。佛山市公路局还会不定期安排各个工区的工区长、技术员去示范路段参观学习，参观之后再一起回道班喝茶座谈，交流感想。

公路爱情故事

我和妻子都是公路局的员工，我们在渡口所相识，接触多了彼此便生出好感。以前男生"追女仔"是很简单的。有一天我问她："今晚来不来我家吃饭？"她说"好"，就是同意交往的意思。

我们拍拖的时间很短，1964年调到深湾道班的时候，我们结婚了，那时候两个人都接近三十岁，算是大龄青年。婚后，我常与妻子一起上下班。道班里像我们这样的夫妻档还有很多，公路局的领导体恤员工，会将同为养路工人的夫妻俩调到同一个道班工作，以解决员工生活的后顾之忧。下班回家后，我们一起做家务活，她照顾小孩，我负责做饭，生活平淡幸福。我是班长，不时会被借调去别的地方支援，如果我外出工作，家里的担子都是妻子一个人扛。她一个女人，料理家中的大小事实在是很不容易，所以每逢轮休我一定回家，把粗活重活做完，让她轻松一点，能休息休息。

我们生了两个女儿、一个儿子，他们都很懂事，从初中一年级开始就在公路上做杂活赚零花钱。公路工作的辛苦对于成年人来说都很难适应，更何况十几岁的少年。我没有要求他们打零工，但如果他们自己愿意去，我也不会阻止。他们周一到周五正常上学，利用周末时间外出打零工；放寒暑假时，则是整个假期在外工作，晚上抽空做作业。他们很自觉，不需要我们监督，公路人的孩子不娇气，我为他们感到骄傲。

他们在公路局打零工的时候我也没有亲自教他们,而让他们跟着别的工人学习。养路工作不难,只要用心就能学会。他们去公路局锻炼也不是为了继承我的工作,我只想让他们学会自己赚钱,明白生活的不易与艰辛。后来我的大女儿毕业后,也在中山市公路局工作,一直干到退休。

"卖猪"医生与"猪肉"病号

1993年底,我遇到了人生中的一个"大坎儿"。12月28日,我睡到半夜,肚子突然疼痛欲裂,第二天早上去医院看病,照完X光后的诊断结果是结肠炎,医生让我必须马上住院。

1994年1月3日,我接受了手术,割了一截肠子,手术之后的一

中山市公路局养护道班班长合影留念(摄于2014年1月)

个星期，我又进行了第二次手术。好不容易康复出院了，4月我又查出了肝脏问题，还有冠心病，那一年我进了四次医院，平均一个季度一次。我的病疼起来很要命，幸好孩子孝顺，不管什么时候，只要我身体不舒服，子女就会立刻带我去医院看病，不厌其烦。中国人说"养儿防老"，果然是这样的。

有一次手术做了6个小时，家人在手术室门口也等了6个小时。手术前我很乐观，我和医生开玩笑："你当自己是卖猪肉的，我是猪肉，你喜欢切哪里就切哪里，我不怕，无所谓。"医生说："你人这么好，我保证你一定没事！"护士说："我入行28年，还没见过像你这样的病人，整个病房你的病最重，但最开朗的也是你。"我说："当然啦，如果我说哪里不舒服，只会让陪着我的亲人心痛，我不想让子女担心，所以再难受我都要忍着。"

在广州做手术期间，中山市公路局的领导刚好来广州开会，他们还顺便过来探望了我，他们对我说，用多少钱不要担心，回去可以全额报销。我心里很感激，他们如此关怀一个基层的员工，真是好领导。出院之后我每个月需要吃药，公路局便安排人每个月用车载我去广州检查拿药，那时没有小汽车，他们就用摩托车载我。每个月三千多元的医药费都可以报销，幸好有共产党的好政策，否则我这条老命早就没有了。

退休多年，我经常想念以前的工友，毕竟大家一起共事多年，感情深厚。这些年我身体不好，平时的生活多亏有工友的照顾，不过我们很少约出来见面，我身体不好，腿脚不灵活，走路不便，去哪里都要有车载才行，走得远心脏就承受不住。人家说八十耄耋，我今年80岁，很多事情我已不再操劳，所有活动都减少了。这些年，很多熟悉的人都搬走了，有的在三乡，有的在石岐，有的在翠亨，很难聚在一起，

2018年2月,三乡公路养护所副所长罗勇(左)、办公室主任刘锦平(右)慰问员工苏永良(中)

还有好多故人已经去世了。

最近两年,从前曹步道班一起工作的工友聚过两次。2018年大年初九,我还召集他们来我家一起打火锅①。能和老朋友聚在一起的机会越来越少,我很珍惜这样的时光,未来的日子里大家都健康平安,就是我最大的心愿。

---

① 打火锅,粤语,"打"的意思是"涮",打火锅就是涮火锅的意思。

杨金爱

女工人成长史

杨金爱，1944年4月生，中山市石岐区人。1967年参加工作，曾先后在恒美道班、中山公路工区沥青队、中山市公路局材料供应站工作，1994年调到办公室任行政人员，1999年退休。

挑战自我

我的爱人曾在中山市公路局工作，我作为家属，跟着他进了公路局，一待就是三十多年。

我出身道班，养路工平日主要与沙石打交道，每天早出晚归，日晒雨淋，工作非常艰苦，但大家的积极性很高，没有人偷懒喊累，工作氛围很好。道班的任务属于集体任务，全班一起合力完成，我们道班七八个人，大家配合默契，工作的时候不分性别，脏活累活一起做，女生即便遇到生理期也几乎不会休息，所以这份工作对于女工的挑战更大。

二十世纪六十年代，公路主要是沙土路，为了防止车辆通过时压烂马路，我们用一层沙盖住路面，还要按时给路面洒水，否则道路很容易干裂烂掉。我们从路边的河里挑水，挑一次水，要负重一百多斤来回上下数百级台阶。

七十年代后期至八十年代，东方红10型拖拉机是公路养护的主要机械设备

六十年代没什么机械工具，工作基本靠人力，为了减轻负担，我们会借助一些牲畜，比如用牛回沙，是那时很先进的养护手段，每个道班养一头黄牛，现在听起来也有些不可思议。七十年代到八十年代，我们开始使用东方红手拖机作业。九十年代之后养路作业实现了全面机械化，有洒水机、沥青机、轧路机等机械设备，养路工不用那么辛苦，劳动效率也提高了很多。

恒美道班有宿舍，养路工一般以班为家，大部分工人住在宿舍，休息日才回家。我们一个月有四天的休假时间，可以自由安排。

我在道班时，每天下班后还有别的工作安排。有人负责割草喂牛，有人负责砍柴，我负责统计每日的工作量、做报表和做晚餐。

早餐多数由大家轮流做，午餐就在路边生火现做，有时候买点猪肉剁成肉饼蒸熟带过去，煮熟饭后把肉饼加进去就是一餐。上班前我们会带一壶水，多半不够一天的饮用，如果不够我们就喝山上流下来的泉水，那时的山泉水天然无污染，天天喝也没有发生过闹肚子的事情。

夏天很热，特别是逢上大小暑，热得厉害的时候我们会在工作中途休息十来分钟。有的路段没有栽种树木，工作时无遮无挡，烈日炎炎，炙烤着我们的每一寸皮肤。七十年代开始，单位开始发放高温补贴，最初有人煲凉茶送到工地，后来除了凉茶，还有降温的糖水，还有钱发，福利待遇改善了许多。

道路两旁的绿化也由公路局负责，我们平时不用给树浇水，但是每年要定期修剪树枝，树木长得过高，枝叶遮挡路面时就要砍掉。五六十年前，道路两边种的都是马尾松，这种树坚硬扛风，成活率很高，靠雨水就能长得很好。

风雨中的英雄

养路工作最怕突然刮风下雨的天气，有时前一分钟天空还高高挂着大太阳，突然就下起雨。如果是小雨，我们就在树下暂避，打雷的时候，我们到桥下或涵洞避雨，大家坐在一起聊天等雨停。

台风天我们经常需要外出抢险，打台风时，我们只穿一件雨衣，戴个头盔就到户外工作。路边的树倒了，要连夜锯断移走，以便车辆通行。

灾害严重的地方，局里会协调其他道班前来支援，像去年的大台风"天鸽"①，三乡道班负责的路段有几千棵树倒塌在地，车辆无法通行，局领导就发动了其他道班进行紧急支援。

1983年，中山连续阴雨天气，雨下了很久，路面到处都是坑洼，车辆颠簸着行走，想开快一点都不行，堵车十分严重。我们一直在外面淋雨工作，天天加班抢修，晚上工作到九点都是平常事。

---

① 2017年第13号台风"天鸽"在8月23日中午以强台风级强度在广东珠海登陆后，成为当年登陆我国最强的台风。台风"天鸽"造成16人遇难，其中中山3人。台风对中山环境破坏严重，造成了巨大的经济损失。

除了养路道班，我们单位还有一个桥班专门负责修桥。有一次刮大台风，洪水冲断了桥梁，桥班工人不眠不休，连夜抢修，最后使交通在短时间内恢复了通畅。

道班来了个稀罕玩意儿

五六十年前，电视机还是稀罕玩意儿，没有普及，我们平时也没什么娱乐活动，劳动一天很辛苦，我们一般很早就休息了。我喜欢看书，有时会听听收音机。到了七八十年代，每个道班配了一台电视机，当时电视里播的多半是新闻，我们就学着自己架天线，收看更多的频道。想看电视的人很多，各有各的喜好，有些喜欢看足球，有些喜欢看连续剧，众口难调。我一般不和大家争抢，没有喜欢的节目我就用收音机听听粤曲自娱自乐，或者和几个同事打打牌。

后来，我被调到工区沥青队当队长，带领几十名手下修补沥青路。沥青路的养护和沙土路大不相同，修补沙土路的主要工作是挖沙石黄泥，是纯粹的体力劳动，不需要什么技巧。沥青路养护除了要挖掘沙石，还要熬煮沥青。煮沥青是高温作业，气味特别大，与在道班时工作的辛劳程度不相上下。相比一般工人，队长的任务更繁重，除了安排工作、管理员工，我也要和他们一起干活。我在沥青队待了三年后，被调到公路局的材料供应站。

自力更生的办公室菜鸟

材料供应站负责整个公路局机修零件的供给。我在材料供应站工作了十几年，负责每天统计材料的进出及采购情况，采购员把机械零件买回来之后要入账，经过核算应该报销多少钱、实际入库的零件数量，我统计总账，月底把账目交给公路局的财务部门核算。

材料供应站的工作不算复杂，但一定要认真细致。我们要学习辨识所有品类的材料，每一笔进出的账目都要做报表，并要按时自查，多一分钱少一分钱都不行，小到一毛钱、一分钱都要核对，直到所有账目核算清楚为止。我没受过什么培训，全都是自学，我就这样做了十几年，从一开始的生疏到后来得心应手，熟练了，就能找到窍门。

广东省公路管理局每年会派人下来检查工作，视察我们的工作成果，小到清洁卫生，大到管理运转，每一项都要评比打分。值得骄傲的是，我所在的仓库拿了许多年"五好仓库"的荣誉。

1994年，我调到中山市公路局办公室。当时办公室只有五个人，事情很多，大家都很忙，没空指导我这个"新手"，很多工作只能自己边做边学。我熟悉工作之后，领导很放心我的办事能力，很多任务都交到我手上。到后来，办公室的材料整理、户口办理、工作调动及出国证明办理等事务都由我负责。

错失升职机会

我1986年转干[①]，转干有文化要求，所以我45岁还去党校学习，但我基础太差，当时母亲生病又需要照顾，我没有心情读书，就中途放弃了。如果我坚持读完，拿到毕业证明，按规定我的职称可以再升一级，我错失机会，到退休也只是公路局的办事员，真是遗憾！

国家刚有公务员考试的时候，我就考了，那时的考试不如现在严格。1998年，我考上公务员，一年之后就退休了。拥有了公务员编制，我的福利待遇比以前好多了，现在每个月能拿到五千多元的退休金，我真是赶上了好时候。

---

① 转干，转为国家干部编制。

2014年1月,中山市公路局党组成员、总工程师高锐祥(左一)、基本建设科副科长吴海成(左二)、东凤公路养护所所长冯洪胜(右二)、养护股股长梁伟成(中)到退休员工家中进行慰问

退休前,局领导给我颁发了一个"三十年工龄奖",是一张奖状加荣誉证书,我一直好好珍藏着。单位还以座谈会的形式举办了一个欢送仪式,同事之间依依不舍地道别,气氛很温情,回顾起和大家一起工作的日子,我一时感触落了泪。

退休之后,我住在单位分配的宿舍,我的生活各方面都很好,身体也好,每天都心情舒畅,没什么烦恼。单位对退休员工很关心,遇到什么困难,工会都会上门慰问,我感到很温暖。

很多人问我,公路局工作那么辛苦,你一做就是三十多年,不觉得腻烦吗?这么多年来,我看着公路局发展的越来越好,提供给职工的工作环境和薪酬待遇也越来越好,说句心里话,我不仅不腻烦,还舍不得退休呢。

在我心里,公路局是一个很有人情味的大家庭。在道班时,大家像一家人一样同吃同住同劳动,领导很关心一线员工,在这里工作既有归属感,又有成长进步的空间,职工可以享受公路发展的红利,享受改革开放带来的红利。与公路结缘,我从不后悔,能做自己喜欢的工作,而且能有所贡献、有所成就,是我最大的福气与幸运。

郭帝容

身躯虽瘦小，铁肩有担当

郭帝容，1946年8月生，中山市三乡镇人。从事公路一线养护工作37年，退休前职级为技术工三级岗位（高级工）。

好心领导给我"开后门"

1964年，中山公路工区招聘养路工人，我得知消息去应聘，负责人因为我是农村户口，不符合招工条件，拒绝了我的申请。我父亲是工区的老职工，为人忠厚老实，在单位人缘很不错，他找到工区领导求情："我儿子没有工作，在家里闲待着，你看他那么瘦小，万一跑去偷渡①，被淹死就惨了，请您多照顾照顾。"领导看我也算老实，便松了口，同意我先从临时工做起。

刚进去时，我的工作很简单，就是补坑、回沙、挑水……人们说"手板眼见功夫"②，这份工作是纯体力活，只要用心就能做成。我在这个岗位坚持了8年以后，从临时工转正成为正式职工。临时工和正式职

---

① "偷渡"，也称"逃港"，指的是中华人民共和国成立后，内地与香港分属不同的社会制度，自二十世纪五十年代开始到八十年代基本结束的内地居民非法越境进入香港的行为。
② 粤语，形容一件工作很简单，不需要太多技巧，可以很轻松地完成。

郭帝容
身躯虽瘦小，铁肩有担当

2018年2月，三乡公路养护所副所长罗勇（右）到郭帝容家中进行慰问

工同工同酬，转正成为正式职工以后，我的工资并没有什么变化。

道班的人员流动性很大，人事调动很频繁，我在三乡道班工作了37年，从来没有过调动，这在公路局是很少见的。我是三乡人，我很庆幸自己能一辈子留在家乡。退休之前我任三乡道班的副班长，手下管理8个工人，我心里明白，自己文化水平低，顶天也就到这个位置了。

牵着黄牛去上班

三乡道班负责肖家村到白石麻斗路段，全长12公里。我们通常早上六点起床，七点开工，拉着木斗车走去肖家村，六公里的路差不多走半个多小时。我们每天的工作都有指标，比如一天要装十三四车泥沙，大家伙年轻，六七分钟就可以装满一车。

临近中午，我们会提前派一个人在路边煮饭，其他人继续工作，待十二点收工后,大家蹲在马路边一起吃饭。改革开放以前,生活条件很艰苦,鱼肉蔬果简直是奢望,白米饭配大头菜就是一餐。我们干的是体力活,只能多吃点米饭扛饿,每人一顿可以吃半斤米的量。吃完饭我们在路边稍作休息,下午一点准时开工,直到五点下班,回到家天已经黑了。

我入行的前八年,没有任何机械可以辅助工作,为了减轻负担,每个道班养一头黄牛帮忙拖车干活。我们每天牵着黄牛上班,现在想起那幅场景,真是既心酸又好笑。

我们没有经费购买铺路的材料,只能各个道班自己想办法。我们常去距离三乡镇七八公里的那州村取沙,每人每天的任务是从那州村拉12车泥沙回三乡,泥沙拉回来堆在路边,等路面出现问题再进行修补。七十年代开始,修路的材料改用泥石粉。再后来,就改为沥青了。

以前露天作业没什么保护措施,最基本的口罩都没有,我们自己也不知道防沙防尘的知识,不过那时车辆很少,空气质量比现在好多了,即便不戴口罩,也不会对身体产生太大的伤害。

一开始,我的月工资只有32元,后来慢慢升到50多元。每年加工资的名额有限,需要开会投票决定,我的人缘不错,和工友的关系很好,所以我的票数每次都很高。

这些年,公路局发展得很好,我们的工资大幅提高,福利也变好了。夏天有清凉饮料、高温津贴,有专门为职工修建的食堂,平时还会给我们发放伙食补贴,我们再也不用风里雨里、大太阳下在路边做饭了。单位每年都会给所有员工买保险,从来没有间断过。

与"天鸽"媲美的台风

每次台风来袭,我们要第一时间外出巡路,清理被台风刮倒在地的树木，以防堵塞交通。1964 年，中山受到了三次特大台风袭击，其破坏力和 2017 年的"天鸽"不相上下，房屋倒塌，大树被连根拔起，公路遭到重创。三乡路段的情况十分严峻，道路被雨水冲断，其他兄弟道班的工友都过来帮忙。我们聘请了临时工，申请桥班紧急支援，还发动周围的村民帮忙一起清理倒在路面的大树。村民平时上山砍柴很辛苦，现在有现成的木柴，村民都来捡拾，热情高涨，有他们帮忙，我们很快就疏通了道路。

1964 年以前，道路绿化的工作不归工区管理，强台风过后，道路要修补拓宽，树木要重新补种，绿化工作就成了养路道班的任务。

学开车偷懒被"抓"

为提高工作效率，减轻养路工人的压力，工区引进了一些机器设备，并开始培养技术人员，我很幸运被选中成为培养对象。单位给了我两个选择，一是去佛山车船厂培训学习，二是留在中山学习驾驶拖拉机。那时我新婚不久，心中有牵挂，便选择留在中山，学习驾驶拖拉机。

头几天学习拖拉机的时候，我连火都打不着[①]，完全没有信心学下去，我收拾好行李，准备打道回府。工区领导问起教练，才知道我已经走了，他大发雷霆："回去也应该打个报告！怎么能这样无组织无纪律？你去把他叫回来！"

教练找到我时，我正在车站等车，他把我喊到一旁的花坛边坐下，对我说道："每个人来了都能学会开车，你为什么不行呢，你要有信心，你要相信教练。"我说："我的确不行，我个子小力气也小，启动不了拖拉机。"教官听了想了想，他说："你先回来，我帮你想办法。"

---

① 当时拖拉机打火是靠人力抽动绳子启动发动机，需要很大的力气，没有接受过训练的人很难一下学会。

为了帮助我解决拖拉机打火的问题，领导和教练一起出主意，他们找来负责修车的何师傅，何师傅说买个马达就可以了，烧一个铁架，把连着启动皮带的马达放在铁架上用螺丝拧紧，启动马达后，让马达拉动皮带，拖拉机两边的皮带轮转起来，拖拉机就能启动了。困扰我很久的问题终于解决，我有了信心，越学越有兴趣。考试合格后，我开着拖拉机到公路上转了两圈，感觉自己很威风。

我能学会这门技术，全赖领导和教练的关心与支持。领导对我说："不要一辈子只做辛苦工，不学一门手艺怎么行？思想一定要转变，以后是机械化的时代，是你们年轻人的时代，有拖拉机你学拖拉机，以后有别的车你也去学，每一种车都要会开。"

我听从了他的意见，此后，单位引进什么类型的新车，我都去学习驾驶。直到今天，回忆起领导当初的教诲，我心中仍然很感激。

饮水思源，善有善报

有位领导曾提携过我，他参与过淮海战役，样子很凶，心地却是好的。"文化大革命"时期，他被牵连批斗，很多人避之唯恐不及，我感念他的知遇之恩，一直对他很好，有时还会照顾他，他说："你不怕被牵连吗？"我说："不怕，没有你也没有今天的我。"他哭着对我说："你真是个有良心的好人。"

每到年底，佛山市公路局会组织不同工区之间进行交叉检查，并评比出标兵道班，奖品是翻斗车一类的劳动工具。一个工区一般只有两三个道班可以获得这个荣誉，我们道班曾多次被评为标兵道班，这些荣誉属于道班全体养路工人，是集体的荣誉。我个人曾拿过很多次佛山标兵、红旗标兵的荣誉称号，有一次，我被评为佛山地区先进代表。还有一次，风雨天气道路堵塞，一辆外国领事馆的车路过，车里的人有紧急公务要处理，我们十几个工人合力抬起车，走出那个路段，这段"光荣事迹"还被登载在报纸上。

改革开放以后，大到国家，小到个人，都有了很大的发展和提升。国好家才好，这不单是口号，也是我一路走来切实感受到的事。

公路局在石岐华佗庙附近给我分配了一间九十多平方米的宿舍，退休后我将这间宿舍卖掉，拿着钱回三乡买了房子。我是土生土长的三乡人，祖辈三代都在三乡，现在能在故土安享晚年，和家人其乐融融地生活在一起，已经知足了。

邓倩养

不忘初心，方得始终

邓倩养，1953年9月生，中山市南区人，共产党员。1975年入职中山公路工区，1976年到1978年在沥青队工作，1979年调到桥班工作，后被调到亨尾道班、石岐道班任班长，1999年任中山港公路养护所工程部长，2008年退休。

修桥整路无时停

我清楚地记得，1975年10月1日，我进入中山公路工区工作，那时我才18岁。刚入职时，我被分配到道班，成为了一名养路工人。

我们的日常工作就是补路、清理杂草与水沟。当时的公路都是六七米宽的沙土路，车辆不多，且多半是客车，偶尔有几辆吉普车和大货车经过。沙土路质地松软，路面容易出现波浪状的沙梯，我们没有什么好办法，只能用工具把沙土推回原来的位置，这个工序叫做"回沙"。补路需要的黄泥沙土都靠工人自己想办法寻找，准备好材料之后，按一定比例和水搅拌，就可以用来补路了。很多工作靠人力十分辛苦，后来有了手扶拖拉机，我们也叫"黄牛仔"，工作比以前轻松了不少。

那时还没有除草剂，山边水沟旁最容易长杂草，我们需要经常清理。杂草的生命力很顽强，铲掉之后很快会重新长出来。我们经常说，"修桥整路无时停"，意思是我们的工作忙到没有能停下来的时候，日复

邓倩养
不忘初心，方得始终

邓倩养近照（摄于2018年5月31日）

一日，年复一年。

当时单车是奢侈品，我们每天都是走路上班。道班一般在负责路段的中间设点，我们工作时分头往两边走，来回至少12公里。我们的劳动工具也很简陋，推一个木斗车，里面装着水桶、锄头、铲子、木耙之类的工具就开工了，带着这些工具活像农民下田干活，可是我们干的活比农民更苦更累。由于经常顶着太阳作业，我们都被晒脱了皮。刚开始还觉得有点痛，后来晒多了，也就完全没感觉了。

中午，我们在路边捡一些树枝烧火做饭，基本每天都是咸菜加白米饭的配置。鱼肉是配给的，要鱼证肉证才能买。我们找到工区的公社书记说好话，请他批点猪肉给我们，书记体谅我们辛苦，每人每月配给五毛钱的猪肉，大概半斤左右，我们也就靠这点儿荤腥过活。吃完午饭，我们在路边休息一会儿，时间到了再继续开工。

中山多风雨，这种天气时常给养路工作带来很多困难。雨水容易把路面的沙泥冲到水渠里，不但会毁坏路面，还容易堵塞水渠。水渠不通，积水漫溢出来又会浸坏路面。遇到这种情况，我们需要推着小车，把从水渠里挖出的泥沙填补到路面的低洼地带。

身上的盐粒够炒菜

1976年，工区从各个道班分别抽调人手，成立了沥青队。我也被调过去，参与沥青路的建设工作。我们的工作范围很广，从小榄到三乡。那时的沥青路实在太简陋，底层由沙土与黄泥混合而成，上面加铺沥青和碎石，很不耐用。

沥青路改造完成之后，沥青队就解散了。1979年，我被安排到桥班工作，我在桥班只待了一年。桥班的员工很少，一共十来个人，要

2005年，国道G105线西区彩虹大道上，养路工人在进行公路养护作业

负责中山所有桥梁的维修工作，任务很繁重。有一年春天，我们在神湾抢修四清桥时，三天三夜没有合眼。

当时的桥多数用杉木搭建，搭好桥身后，将桥面铺上杉木板，木板上面再铺一层泥，车辆就可以在上面行驶。建桥的任务不归桥班，我们只负责维修。桥的损坏多半是因为使用时间长，或者木板上防潮防霉的沥青脱落，木板发霉导致桥梁松动。我们维修的技术方法很原始，就是在木板上钻一些小洞，用铁丝把木板重新固定，这个工作难度不大，但有很多细节需要留心，还是有一定技术含量的。

离开桥班后，我又回到道班修路。二十世纪八十年代开始，路上车辆逐渐变多，简易的沥青路不堪负重，被压得破烂不堪，路段破损严重的地方几乎不能通车。我们每天东修西补，没日没夜地干。修路材料堆在路边，差不多挡住了半条路，司机乘客都在抱怨，可是我们的工具简陋，工作效率低，实在没有办法加快进度，那几年实在很辛苦。

铺路前需要熬煮沥青，我们没有机械辅助，只能自己亲自上。我们在需要修补的路段附近搭一个工棚，砌好锅炉，在炉底点燃木柴加热，将沥青油和沙土按照比例倒进锅里翻炒搅拌。煮融的沥青温度很高，可以达到180到200摄氏度，工人必须穿得严严实实，戴好单位发的棉手套、口罩，否则沥青外溅很容易灼伤皮肤。煮沥青是件苦差事，尤其在夏天，面对烈日和锅炉的双重"烤验"，又闷又热，还要忍受沥青难闻的气味。我们的衣服被汗液浸湿，甚至可以拧出水来，铺完一次路，身上的盐都够炒几个菜了。

一开始大家不知道怎样修补沥青路，可以说是凭着感觉胡乱瞎补，很不规范，难看又不经用。我们不断实践摸索，工区又派人专门去佛山学习沥青路的养护知识，找到正确的方法以后，修补出来的效果就好多了。

八十年代中后期，我们开始将沥青路改造成水泥路，路面从7米拓宽成15米，由单向车道变成双向车道，每条车道4.5米，机动车道两边还留有2.7米宽的非机动车道。水泥路的修建由中山市交通运输局负责，我们只是协助工作，配合他们扩建公路。

路边的绿化工作也由道班负责，每年三月开始，我们要补种树苗。以前种的比较多的树是尤加利和木麻黄。路面拓宽以后，就开始改种木棉花和黄槐树了。

风雨无阻护坦途

1984年，中山经历了持续的大暴雨天气，暴雨过后，几乎所有道路都被水淹没，损毁严重。我们挖水坑、通水渠、填坑洞，挥着铲子在路边日夜抢修，因为事发突然，没有备好充足的材料，只能就地取材，从山边挖石头泥沙凑合用。

遇到台风天，道路的损毁会更加严重。台风来临前，我们要做好预防措施，24小时待命，进行巡查，拆掉路边摇晃不稳、有掉落风险的标志牌和指示牌。

1994年，发生了一次特别严重的台风，岐关西路的树木全部被强风吹倒，横七竖八地躺在路上，导致公路无法通车。为了疏通道路，台风还在天空肆虐时，我们就冒着风雨外出抢修了。风大雨大，不时有树木被吹倒在地，我们被淋得湿透，身上的装备只有单位发的雨衣和安全帽，丝毫不能抵御危险，现在想想都后怕。

半生无悔为公路

我1984年开始担任道班班长，对我来说，道班的管理难度不小，而且很复杂。作为班长，必须记住分管路段的所有特征、标志，工作人员安排也不能一成不变,公路上的事情千变万化,必须学会随机应变。

我还会随时留意工人的心理状态,出现什么问题,第一时间和他们耐心沟通。班里这么多人,大家的年龄、性格、见识都不一样,做好思想工作,所有人团结一心,才能把工作完成得更好。

道班的管理制度很严格,迟到、早退、旷工都有相应的处罚措施。我们每天要填写考勤表,出勤画一个圆圈,请假要写上详细的原因,缺勤也要特别标示。此外还要统计每个人每天的工作量,比如说当天铲草多少平方米等。

我们有既定的工作指标,一个道班十几个工人,平时还可以勉强完成任务。到了年底进行全优道班评选之前,铲草、补路等工作量都

2002年,中山港公路养护所挂牌成立。右一为中山市公路局原副局长何惠文,中间为中山港公路养护所原所长阮彦良,左一为养护所退休职工阮社强

比平时增加了许多,我们只能聘请临时工。当时的评比方式是交叉检查,各个工区根据道班的班组管理和养路工作等情况综合评分,选出全优道班发放奖金,获奖道班的每个人都可以获得5块钱的奖励,大家参与的积极性很高。

我18岁到公路局工作,一直到2008年退休,30多年来,我一直从事公路养护的工作,兢兢业业,初心不改,虽然很辛苦,工资也不高,但我从没想过当逃兵。妻子和我是同一个道班的工友,她这样评价当时的我:"他是个说一不二的人,遇到困难不退缩、很能干,要么不做,要做就做到最好,这也是我最欣赏他的地方。"

不忘初心,方得始终,我将自己的半生献给中山公路,我也相信中山公路事业一定会变得更好更辉煌。

郑林桂
一名退休养路工的回忆录

郑林桂，1954年6月生，中山市南区人。1972年参加工作，2009年退休，从事一线养路工作37年，退休前职级为技术工三级岗位（高级工）。

养路工作的那些事

我是中山本地人，20岁入行。当时家庭困难，为了生计，这个工作门槛低，对学历没什么要求，我就去做了。

参加工作时，中山县还隶属佛山地区管辖，中山市公路局还是中山公路工区。我最初在石岐道班当养路工人，一个道班十一二人，负责10公里左右的路段，平时可以应付，遇到抢修或年底繁忙的时候就需要聘用临时工，临时工分为短期临时工和长期临时工。

我是合同制员工，月薪30元，与正式职工相近，但是正式工享受的福利和补贴我是没有的。我和临时工的区别是临时工是日工，我是月工[①]，月工工资固定。我退休前才转为正式工。养路工人大多从临时工做起，熬几年转为合同工，连续工作十年以上才有可能转为正式工。当时还有顶职制度，如果父母是公路局的正式职工，父母退休的时候，

---

① 月工，论月受雇的佣工。

公路里的中山
中山公路建设亲历者口述回忆

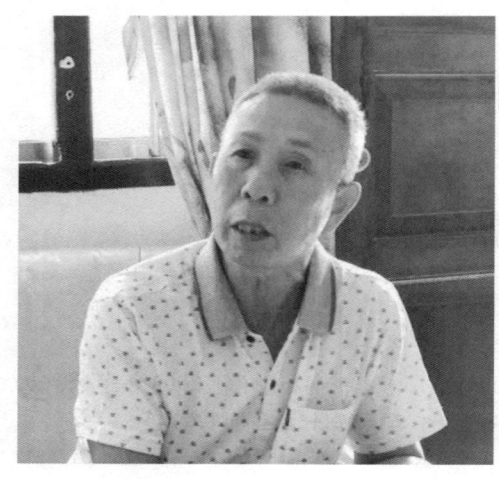

郑林桂近照（摄于2018年4月12日）

子女可以顶替他的位置，省去了漫长的临时工时期，这是很让人羡慕的机会。

我们负责公路的维修保养，每天在路上修修补补。二十世纪七十年代，中山还是沙土路，晴天车一驶过，烟尘滚滚；雨天车一驶过，路被压得稀烂。

沙土路的养路工作主要有回沙、刨沙梯、补坑洼等。补路材料全靠我们从山里挖、河里淘，然后用木斗车运到工地，一走就是三四公里路。木斗车是木板车加一个斗改装而成的，用来卸载泥沙很方便。

车走动的时候，会挤压路面中间的沙土流向路边，我们要用一个像谷耙的工具，把马路两边的沙土拨回路中间，这个工序比较简单，我们称之为"回沙"。刨沙梯的任务比较艰巨，下雨之后，马路底层的泥土变得松软，车辆驶过将路面压得高低不平，我们要拿铲子把凸起部分铲平，然后再铺一层干燥的沙土，否则车辆通过时会很颠簸。如果路面出现凹陷，我们要将黄泥和沙土按比例混合填补坑洼，大约四成沙，六成黄泥，补完之后还要洒水，路面才会结实。风雨天不能在路面操作时，我们会提前备料，待天一放晴就修补。

台风来临时，我们要24小时待命，没有特殊情况不准休假，工作几十年，我最怕遇到的就是台风天。2002年，我在中山港公路养护所工作。那年台风刮得很厉害，树排山似地倒，雨水淹没了道路，人走在路上被吹得几乎站不稳。风稍停，我们就外出清理街道、疏通道路，水沟积满了树叶垃圾，我们只能徒手清理，等到路面积水排得差不多，再处理淤泥和倒在路上的树木枝叶。整个抢修工作差不多持续了一个月。

七十年代初，我们用的劳动工具其实是农具，只有尖锄、绳子和木斗车，为了减轻负担，道班还养了黄牛。九十年代起，公路作业逐渐实现机械化，公路局引进了各种车辆。我基本专职开车，先开小型拖拉机，长度两米多，主要用来运送泥沙、沥青、杂物，有时也载人上下班，那时养护所只有我一个"司机"。

后来，车辆和工具越来越先进，吊车、喷油车、洒油机、轧路机、电锯……应有尽有，工作效率提高了数倍。比如以前清理台风天倒在路面的大树，人工锯不断树干，只能锯枝丫，几天也清理不完。现在用电锯，小树5分钟就搞定了，清理大树最多花费15到20分钟，和以前相比简直是天壤之别。

在道班时，日子很艰苦，开工的地方很远，我们都是走路上下班。当时自行车是奢侈品，相当于现在的一辆小汽车，一个道班只有一辆自行车。下班回到家里，往往天都黑了，离家远的就在宿舍住。以前的宿舍都是简陋的茅屋，经不起风雨。

在外工作也没有饭堂，我们工作到哪里就吃到哪里，平时带着米和锅具上班，中午在路边搭炉子做饭，煮好了就在路边或树下吃。菜式很简单，咸菜居多，偶尔有咸鱼，猪肉难得一见，没什么油水。后来工区成立了大饭堂,我还在食堂做过一段时间厨子。之后我去过恒美道班和深湾道班工作,直到公路局实行大道班改革,小道班被合并成三大养护所。我在这些养护所都待过,其中,我在中山港公路养护所的时间最长,差不多10年。

沥青路的发展

二十世纪八十年代,我们将中山的沙土路逐步改建为沥青路,最先从小榄镇开始。工区从各个道班抽调人手,成立了沥青队。那时沥青路的建造标准没有现在高,公路底层用的材料是沙土、黄泥和石灰,一经雨水浸泡很容易破烂,但比起沙土路还是高级多了。

那时候,修补沥青路没有机器辅助,全靠人工挖坑、熬煮沥青材料。熬煮沥青时,我们先在路边架一口锅,下面烧柴加热沙子,然后倒沥

2008年5月,国道路段大修,养路工人驾驶大型沥青摊铺机进行施工作业

青油进去搅拌，像炒水泥一样。沥青的味道很臭，还有毒性，在这样的环境下作业非常辛苦，单位会发放高温补贴，以前是食堂煲糖水送到工地，现在改成直接发钱。

八十年代，我们用的沥青是软的，有弹性，如果晴天太阳太猛烈，路面会拱起一整块油包。这时需要挖开油包、加沙土压实，再铺沥青。现在常用的沥青都是偏硬的固体沥青，这种现象减少了很多。

沥青路很怕水，路面排水不及时，路就会烂。沥青路也怕油，车辆驶过，一旦漏油会对路面产生很大影响，汽油还好处理，柴油就麻烦了，被柴油污染过的路面直接报废，需要把油污的地方全部掏空挖掉，重新铺沥青。

在路面作业时工作效率一定要高，完成任务尽快离开，待得越久越危险。有时司机疲劳驾驶，分心打瞌睡，一不小心会撞到养路工人。晚上光线不好，我们会尽量避免夜间施工，除非遇到极端风雨天气或者意外事故。此外，一定要做足安全防护措施：戴安全帽、穿施工服、按规定放置施工标志牌。标志牌一般放置在离施工地点200米左右的地方，给予司机足够的缓冲距离，否则司机刹车不及时，工人随时有生命危险。

既然选择，就无怨悔

我在公路局工作37年，目睹了公路发展的巨大变化，从沙土路到沥青路，路容越来越整洁漂亮，路况更加畅通，我们的养路工作也发生了翻天覆地的变化。

以前一个小道班负责十几公里路段，现在大道班负责四五十公里路。养路工作实现机械化之后，效率比以前高出很多，真正实现了解放生产力的目标。单位经常组织培训实操活动，通过这些锻炼，职工

2015年10月，国道G105线东凤路段上，养路工人在进行绿化管养

的劳动技能不断提高。现在讲究科学养护，我们要与时俱进。

职工的娱乐活动越来越丰富，有兴趣小组、文艺汇演、体育比赛……虽然我已经退休8年了，不过我也算享受过这些福利。我在职时，还参加过单位举行的生日会，就是把同一个月生日的员工组织起来，大家一起过生日，自己所在部门的领导也会出席送上祝福，氛围特别温馨。

我离开工作岗位多年，回想起公路上的日子，心中很是感慨。养路工作虽然辛苦，但我从不后悔，也从没想过放弃。我只是一个最平凡的工人，没什么雄心壮志，做好手上的工作，养护好每一段公路，就是我最大的理想。37年来，几十年如一日，我自认为已经实现了这个目标。如果有一次重新选择的机会，我依然会把公路养护作为自己一生的事业去奋斗。

洪海标

永远热爱，永远热泪盈眶

洪海标，1954年9月生，中山市火炬开发区人，共产党员。1972年参加工作，2009年退休，退休前在中山市公路局办公室工作。

补丁衣服带来的骄傲

我1972年参加工作，那一年我17岁，中山公路工区招收临时工，我就应聘进去工作了。最初，我被分配到西桠道班，道班的正式职工有五人、月工两个人、临时工六个人，负责路段全长14公里。我们一天的工作从早上七点钟开始，到中午十一点半结束，下午一点开始，五点结束。

修建道路时，需要先清扫干净路面，在铺好泥沙的路面洒上一层水，利用经过的汽车重量压实路面，大概两三百车次就可以了。经过几天的洒水、压实，最后在表层加沙作为保护层，沙土路就建好了。

不管天气冷热，为了工作方便，我们工作的时候都脱光衣服，只穿一件背心，工作结束再把衣服穿上。夏天的路面温度高到可以烫熟鸡蛋，以前的生活条件很差，我们没有钱买鞋，都是"赤脚上阵"，一天工作下来，整只脚都被烫得红肿，长年累月，脚底的皮肤变得皮糙肉厚。

洪海标近照（摄于2018年5月18日）

多数临时工在一单工程完工之后就会离开，我为了留下来，平时拼命干活，表现出色，还真的留了下来，成了长期临时工。

在马路上工作，我们休息时习惯席地而坐，裤子很容易磨烂。那时候的生活很艰苦，布票是定额的，有的人甚至没有布票，一条裤子缝缝补补要穿好几年。有句口号是："新三年，旧三年，缝缝补补又三年。"大家都是如此，穿着补丁衣服，打心底里透着自己身为劳动者、国家建设者的光荣和自豪。

我们的伙食很差，有咸鱼当菜已经算是很丰盛的一餐，一般只有咸菜，一年都吃不上几顿肉。道班里有的工人是非农户口，每月有鱼肉补贴，他们有肉吃的时候，偶尔也会分点肉给我们吃。老实说，他们自己都不够吃，但在这样艰苦的条件下，大家"同煲同捞"①，很有限的肉也愿意跟我们一起分享，这种情谊实在难得。

---

① 同煲同捞，在粤语中是一起混的意思。

洪海标

永远热爱，永远热泪盈眶

一年中工作最辛苦的时候是"中修"①。道路经过汽车长时间的行驶压迫，路面很容易下陷，需要进行大面积翻新维修。我们一天只能修几十米的路段，修一公里路大概需要一个月，所以中修期间会请很多临时工帮忙。

早年几乎没有放假的概念，一是因为路面情况太糟糕，活儿天天也做不完。还有一个原因是当时处于特殊年代，大陆与台湾关系紧张，每天有很多佩戴冲锋枪的民兵保卫西桠的大环桥，我们害怕反革命分子搞破坏，也要定期安排工人巡查桥梁。这种紧张的局面一直持续到1979年，改革开放以后，才取消了民兵巡逻，我们的日常巡视也渐渐取消了。

蹲在那里跟鬼"说话"

沙土路每天都需要洒水，一是让土层结实一点，二是车经过时不会扬起太大的灰尘。没有洒水车的时候，我们都是用肩挑，一担水一百来斤，一天几百趟，下班时肩膀都是红肿的。连续三四个月我白天黑夜连轴干，熬到眼睛通红，别人都劝说我："你不要这么玩命，赶紧回去休息。"可他们不知道，因为我的户口不在生产队，平时的工资要上交给生产队才有粮食分配，只有晚上加班的钱才算我的个人收入。

这样算下来，我每个月只能留六元钱，用来买鞋子、衣服和日用品。加班的工作就是挖泥、运泥，通常三个人一组，一人挖泥，另外两人上下坡运泥。夜深人静一个人在地里挖泥，气氛很恐怖。1973年前后，有很多人"偷渡"。有一次我挖完泥在地里休息，碰到一小群"偷渡"

---

① 中修，路面中修工程主要包括砂石路面大面积处理翻浆，修理横断面；碎砾石路面局部地段加厚、加宽、调整路拱、加铺磨耗层、保护层、处理严重病害等。

的人经过，我慌忙躲到旁边的大泥口，那里有很多人骨，鬼气森森，我无聊又害怕，为了给自己壮胆，我就对着空气"讲话"，像在和鬼聊天一样。每当回想起那个夜晚，我的背后还会直冒冷汗。

"死里逃生"捡回一条命

养路工人每天要上山挖泥，下小溪挖沙。我们上山挖泥的时候，还曾遭到过村民的阻挠，他们觉得这样挖会破坏山的风水，强行抢走我们的工具，对方人多势众，我们只好缴械。后来，我向工区领导汇报这件事，工区开了一张证明，我们才得以从村民手中取回工具，得到挖泥的"许可"。

在西桠道班工作的时候，一位老前辈在山上挖泥，不幸被滚下来的山石砸死了。当时，那块石头就在他头顶，他感觉石头不会掉下来，又干活心切，没有及时处理那块石头，后来他在下面挖泥，石头滚了下来，他叫别人赶快走，自己却来不及逃脱。

在东桠工作时，我曾"死里逃生"。我在山上挖泥，挖着挖着掏空了，脚下的黄泥瞬间全部塌倒，幸好那些都是浮泥，没有造成太大伤害，不然我可能早已被活埋身亡了。还有一次，我推着装满泥土的木斗车下坡，当时没有拉稳木斗车，连人带车滚下山坡，还好那个坡不算太陡，我只摔到膝盖，算是幸运地捡回一条命。当时年轻气盛胆子大，不知道"死"字怎么写，受伤之后我很快又投入到工作中。不过，那次膝盖受伤留下了后遗症，现在每逢阴雨天，我的关节还会隐隐作痛。

一条诡异的路

在我的工作生涯中，曾遇到过一条很诡异的路，那条路的路面中心会自动出水，不管晴天阴天，始终有水源源不断地冒出来。长期冒水导致沙土路变得软绵绵的，无法通车。我们尝试填埋一些石渣进去，却没有效果，水依然会从石渣缝里渗出来；我们还打了一些很深的桩进去，试图堵住出水口，仍然没有效果。我们向上级领导反映，工区派技术人员过来查看，也没有找到原因和解决办法。这种情况持续了两年左右，后来，那条路的出水量慢慢减少，莫名其妙恢复正常，也能行车了。

随着社会经济发展，路上的车辆日益增多，很多还是载重很大的货车、工程车，沙土路支撑不了这些车辆行驶的压力，二十世纪八十年代开始，中山开始全面建设沥青路。相比沙土路，沥青路的使用时间更长久，不容易破烂。

沥青路的初期修建由专门的沥青队负责，日常养护的任务落到了道班头上。沥青路养护有很多工序，如果哪里路面破烂，我们会视坑洼的大小深浅将其挖成四四方方的形状，再填补石渣进去，铺上水泥，用压路机压紧实，等过几天路面硬实之后再铺沥青。

"铁饭碗"里装着"猪骨头"

1980年，我调到深湾道班，负责的路段在斗门，那里的路又窄又烂，跟农村的田基①差不多，工作更辛苦了，我的腰痛病就是在那时落下的。

深湾道班的住宿环境很差，我们住在茅屋里，连冲凉房都没有，只能在水井边打水露天洗澡。茅屋里蚊子多，工区只提供床，床铺和蚊帐都得工人自己准备，附近经常有蛇出没，有时蛇还会爬进屋子。不过住在宿舍的员工不多，大部分人都是当地的临时工，他们可以回家住。

---

① 田基，意思是圩埂，田埂。

1982年，我在深湾道班工作满两年，恰逢前任班长离职，我当上了班长，随后转正成为正式职工。转正之后我开心得几天几夜没睡觉，正式职工一个月工资有37元7毛，虽然跟临时工相比没有涨多少，但转正之后我的户口从农村迁移到石岐城区，终于"跳出农门"吃上"商品粮"了，我每月也可以领粮票、鱼证、肉证、布票了，从此端上"铁饭碗"，我开心得不得了。

当班长全部工作都要亲力亲为，要比别人做得更多更好，以德服人，威信就是这样建立起来的，否则，别人凭什么听你指挥。我在深湾道班做了三年左右的班长，每天有很多工作要处理，每天的任务都不同。安排工作时，我会根据员工擅长的事情和实际能力，合理安排每个人的任务，辛苦的体力活就让所有人轮流做，以显公允，大家都口服心服，相处愉快。

虽然是班长，我和其他工友的基本工资并无差别，只是多出几元钱的班长补贴。班长的工作比别人更多，面对的困难都是"猪骨头"①。在神湾工作期间，有个年轻的小姑娘贪玩，上班时间跑去外地玩，我严肃地批评了她，并让她写检讨书，事情过后，我依然会关心她的工作生活。人人都会犯错，知错能改就是好同志。

道班工作做得不好，班长就会被批评。有一位领导给我留下的印象最深刻，他要求很严格，经常"挑刺儿"训斥我们，所有道班班长都挨过他的骂。但我们不会因为被领导批评就泄气，我们会虚心接受意见，认真检讨错误，争取把以后的工作做得更好。

佛山市公路局经常进行全优道班或者好路工区的评选，中山公路工区很厉害，我们中山地区的所有道班，基本都拿过全优的荣誉。

---

① 猪骨头，难以下咽，形容困难大。

省道 S365 中山神湾路段（摄于 1997 年）

偶尔拿个全优道班很容易，但要一直拿全优就比较困难了，"创业容易守业难"，如果能够连拿三年的全优道班，那可是很"架势"①的。每一年中山公路工区都被评选为好路工区，因为我们每一年都拼命工作，大家劳动热情高涨，你追我赶，不计较工作量的多少，也很少计较金钱上的得失。

我自豪，我是公路人

改革开放之后，公路的发展日新月异，中山市公路局也发生了很大的变化。机械化代替手工劳作，局里大力推行养护技能培训，鼓励

---

① 架势，很厉害的意思。

大家进修学习，安排职工周末去技校上课，考上职称还可以报销学费、涨工资，大家积极性都很高。

有人笑称："养路工远看像要饭的，近看像拾破烂的，仔细一看是公路站的。"尽管在公路局的工作很辛苦，但没有什么工作是不辛苦的，我任劳任怨，不怕苦累，只想一心一意做好工作。现在我退休了，也常常教育我的儿女后辈："出来工作，做什么都不会轻松，一定要尽力做好，能坚持一天是一天，不喜欢这份工作可以离开，去找其他工作，但也一样要认真对待，好好完成任务。"

我是最平凡的养路工人，能够为公路事业略尽绵薄之力，哪怕只是起到一颗螺丝钉的作用，我也无怨无悔。看到中山公路今天的发展，我打心底里感到骄傲，感到自豪。

刘日恒

摸着石头过河

刘日恒,1956年12月生,中山市板芙镇人,共产党员。1972年参加工作,在神湾道班做临时工,1980年到1998年间,先后在肖家村道班、神湾道班等道班任班长,后任三乡公路养护所办公室副主任,2009年退休。

我是怎么入行的

我是板芙镇里溪村人,初中毕业就参加了工作。1972年到2009年,这37年我一直在中山市公路局,可以说做了一辈子的养路工。

我出身农村,家里人都是农民。16岁那年,中山公路工区招收养路工,在农村耕田是靠天吃饭,工分收入又低,做养路工虽然辛苦,但有固定的工资收入,所以我应聘到神湾道班做养路工。

上班后,我却发现干这一行既脏又累,风吹日晒,比在家种田还辛苦。我们是八小时工作制,但经常需要加班,特别是遇到台风雨天或者其他突发事件,要24小时候命。工资也不如想象中高,开始大概二三十元一个月,基本满足生活开支所需。很多人挨不住辛苦,一段时间后就辞职了,人员流动很大,尤其是二十世纪七八十年代,我们请了很多临时工,他们待的时间都不会很长,甚至有做一天就走的。

一个道班十个人左右,正式职工和临时工各占一半。不管正式工还是临时工，都有工作一段时间后嫌辛苦辞职的，也有一些临时工坚持下来转为正式职工，在公路局一直工作到退休，我就是这样。

养路工是一个门槛很低的职业，和学历没什么关系，只要你肯做，挨得住辛苦就可以。我们入行时没有专门的师傅教学，全靠自己在实际操作中边做边学，摸着石头过河。以前没什么机械操作技巧需要掌握，所以也不需要学习太多，很多工作做多了自然就会了。

公路养护的具体工作就是修补破损公路、铲除路边杂草、清理水沟等。工区每个月会安排专人考察工作统一评比，我们道班经常拿到"全优道班"的奖项。除了每个月的评比，道班之间也会不定期进行技能比赛，年底评选"标兵道班"，奖品是一部拖拉机，由广东省公路管理局发放。拖拉机对我们平时工作帮助很大，平时用车都要花钱租借，我们经费有限，除去发工资所剩无几，所以这个奖品实在太实惠了，大家参加评比的积极性很高。

二十世纪七十年代，既没有经费又没有机械设备。公路以沙土路为主，只有少数沥青路，路面经常破损，质量很差。劳动工具也很简陋，修路全靠人手，只有农用拖拉机可以使用。为了提高机械化养护水平，降低公路养护难度，公路局逐步购置了一大批先进的养护设备，像洒水车、扫地车、挖掘机、沥青搅拌机、摊铺机等。我切身感受到生产工具变化带来的便利，这是社会的进步，也是公路事业发展的必然结果。

1990年，三乡公路养护所成立之后，我们有了专业的培训机构，有专人教我们如何使用这些器械。我们还要学习驾驶各种车辆，比如挖土机、拖拉机、工程车、洒水车、扫地车等。驾驶公路局的车辆需要考取专门的驾照，公司没有强制规定每个人都要学习开车，有需要可以向单位申请，统一安排报名学习。我个人觉得开车难度不大，还是很容易上手的。

刘日恒
摸着石头过河

修路靠车灯照明

以前下拨给道班的资金很少，买材料都不够用，而这恰恰是公路养路工作最重要的一环。我们用不多的经费买石粉，剩下的材料得工人自己想办法解决，我们只能去山上挖泥，行内的说法是"挖山"。

公路养路工作与天气好坏有直接关系，遇到连续两三天的阴雨天气，一公里路段大概有几百平方米的路面破损，还常有多处积水，整条路上像分布着一个个"小池塘"，车辆难以通行。这种情况通常要修补好几天。有一次下雨，路烂得不成样子，为了尽快恢复通车，工人只能冒着风雨连夜补路挖坑，加班加点赶进度。人手挖土坑的速度赶不上雨水冲刷泥土的速度，刚把泥土从坑里挖出来，大雨又把泥土

2005年9月，县道X575线中山港大道上，养路工人在进行公路养护作业

冲回原处。当时没有路灯，晚上加班看不到路面，只能靠车灯照明。

遇到大雨或者极端恶劣天气，我们更要加强巡查，及时排出路面积水。那时的下水道很少，只在马路两边有两条排水渠，如果排水渠被树叶垃圾堵塞住，就会引起路面积水。我们要拿锄头、簸箕等工具把堵在水渠里的垃圾清理掉，再拿铲子一点点铲走马路上的积水。

早期没有食堂，在外工作大家中午都是自己带饭，或者在路边生火做饭。吃完饭在路边或坐或睡，稍事休息之后再开工。"文化大革命"时期，大家都吃"大锅饭"，没什么油水，一顿半斤米的分量都吃不饱。

里溪村是革命老区，抗日战争时期这条村是抗日根据地之一，建立了抗日先锋队，很多年轻人在战争中牺牲了。我想我们流着一样的血液，跟他们相比，我这点苦又算什么呢。

半年苦读拿到"最牛"技师证

公路养路工作以道班为单位进行，早期，每个道班分管几公里到十几公里不等的路段。后来，公路局进行大道班改革，将原先的若干个小道班合并为东升、三乡、中山港三个大道班，每个大道班分管几十公里的路段。这种改变能够有效提高养路作业效率，发生突发事件时，可以集中人手一起做事。

1980年，我调到肖家村道班任班长。1984年，我调回神湾道班任班长。直到1998年三乡公路工区成立，我任办公室副主任，一直到2009年退休。

在道班工作时我们没有太明确的分工，一般谁熟悉哪项工作就安排他做什么，平时大家同吃同住同工作，感情很好。我们道班获得的成绩不错，说句不自谦的话，可能也有我这个班长的一点功劳，如果我不带头完成那些工作，其他职工怎么可能听指挥努力做事呢。只有大家团结一心，抱成团才能把工作做好。

一个道班十几号人，个别人有情绪也很正常。有人嫌工作辛苦，我作为班长会去开导他。有人不听从工作安排，耍性子罢工，我会主动和他们沟通，大家敞开心扉谈谈，过后他们往往都能认识到错误，并和我道歉，事情解决以后，大家继续融洽地合作相处。

我也遇到过个别比较顽固的人，怎么谈都行不通。在神湾道班工作时，有一个员工爱偷懒，不愿做事，总是故意和我作对。我教育他的时候，他的态度也很强硬，无论如何都不听劝。他是正式职工，我没有权利解雇他，只能求助人事科的同事帮忙协调，大家一起想办法劝说教育，之后他也认识到错误，不再偷懒了。

1990年，单位派我到佛山参加广东省公路养护人员培训，长达半年之久。我对公路养护的各方面知识进行了系统学习，并考取了公路养护技师资格证，相当于现在的国家职业资格二级技师证。这个证很难考，合格率很低，通常一个道班只有几个中级技术工，几乎没有技师。包括我在内，那一年中山市公路局只有3个人考到这个证。后来考试难度加大，拥有技师证变得更加困难，听说到目前为止，公路局有技师职称的也只有几个人。同年，经过两年预备党员的考验，我也正式成为光荣的中国共产党党员。

37年，难以忘怀的岁月

以前的生活没有现在这么丰富多彩，下班后也没什么娱乐活动，电视机可选择的频道也不多，只能自己架天线，信号时好时坏。有时下班后，我会跟工友出去喝喝小酒。这些年就完全不一样了，除了电视机，还有电脑、智能手机……眼花缭乱，只能说我老了，快跟不上时代咯。

刘日恒（左）
近照（摄于2018年
3月21日）

我退休前住在道班宿舍，我老婆也是道班工人，结婚后她才来道班工作，那时候我们一家人都住在宿舍。道班里大部分人住在同一栋宿舍楼，大家下了班天南海北畅聊，回忆起来也是一段很快乐的时光。

我女儿也去了养护所工作。有人问我："养路工作这样辛苦，你怎么舍得让女儿干？"我说："我尊重她的选择，如果她肯做，不嫌辛苦，这也是一份很有意义的工作。"后来她调去交通局工作，我也支持她。

辛苦工作大半辈子，退休之后清闲了很多。但我还是习惯关注公路的发展，偶尔会询问一下还在职的工友现在的工作情况，问他们现在做些什么工程。我很热爱这份工作，有时候做梦，我还会梦到以前工作的一些事情。我很怀念那段时光，虽然工作平凡枯燥，但就是有一种说不清道不明的情感在其中，让人久久不能忘怀。

温国安

守候一生

温国安，1959年6月生，中山市石岐区人。1975年进入中山公路工区当临时工，1981年调到南头渡口所工作，1982年调到中山养路费征收站工作，2009年公路规费征稽所改制后，调到中山市公路局路政管理科工作，任路政员。

"吸白粉"的养路工

我还是小孩子的时候，看见工人铺路就很兴奋，觉得这路真漂亮，开心得不得了，心想如果有天自己能来铺路就好了。没想到后来我真的实现了这个"理想"，1975年2月，我进入中山公路工区工作，成为了一名养路工人。

以前家里条件不好，我家兄妹五个，我是长子，高中没读完我就出来工作了，那年我才16岁。刚工作时，一天只有一元钱工资，周日加班可以多两毛钱，一个月三十多元的收入，我觉得满足极了，毕竟那是我平生第一次靠自己劳动赚钱。

我刚工作时，路上的汽车很少，往来各个镇区的班车也很少。石岐区到黄圃镇一天只有三班车次，票价七毛三，对我来说这票价真是相当高了。那时中山的路也很少，城区只有四条主干道，分别是岐关公路、广中公路、环岗公路以及东黄公路，这四条路都是沙土路。农

公路里的中山
中山公路建设亲历者口述回忆

温国安近照
（摄于2018年4月12日）

村里更是没什么路可走，东凤、南头、黄圃那些地方还是黄泥路，走进去黏的满脚是泥，一不小心还会踩上猪粪牛粪。

由于技术落后，大部分工作都要靠人力，我们靠着几把锄头、铁锹修补路面，尽管车流量不多，养路工人的工作仍然很辛苦。养路工人干的都是高强度的体力活儿，那段日子我整个人瘦得不像话，别人甚至嘲笑我像"吸白粉"①的。后来条件逐步改善，我才慢慢胖回来一些。

我小的时候，五桂山镇连条像样的路都没有，很多地方都是坑洼，甚至连车都骑不过去。现在五桂山修了一条城桂公路，宽阔漂亮，原来从华佗庙骑自行车去桂南村差不多四五个小时，现在一个多小时就够了。

那时从中山到广州也没有直达的公路，需要坐船经过几个渡口，每经过一个渡口要花费一个多小时，单程要花一个上午的时间，算得

---

① 吸白粉，白粉（海洛因）对人类的身心健康危害极大，长期吸食、注射会致使机体消瘦、人格解体、心理变态和寿命缩减，这里用来形容人瘦得厉害。

上是长途跋涉。现在有高速公路和轻轨，中山到广州只用一个小时。中山公路发展到今天，变化真的太大了，现在有快速公交、轻轨、高铁，这是我年轻时做梦都不会梦到的场景。

在岐江桥[①]赤脚奔跑的日子

在我印象里，中山以前的桥梁不多，岐江桥算是中山很有代表性的一座大桥。岐江桥在我很小的时候就有了，桥面可以开合，让大小船只通过。小时候我住在桥东的孙文西路步行街，就在金都城旁边一间很古老的大屋里，类似现在的祠堂，一进门是一个大厅，往里走有一个天井，再往里走才是日常起居的房间。那间大屋里一共住着六户人家，整条街最热闹的就是我们那间大屋了。后来，步行街上的一些老房子被拆掉重建，我住过的那间大屋也没能"幸免"，想故地重游也再没机会了。

当时，我母亲在岐江西面烟洲牌坊的石岐五金厂上班，我中午给母亲送饭，每天都得来回岐江桥好几次。正午的太阳把桥面晒得滚烫，因为家里穷，小孩子都没有鞋穿，我每次赤着脚在桥上飞快地跑过，还是被烫得很痛。

从养路费征收到路政管理

1981年，工区派我到南头渡口所支援基础建设。我跟着工程队的人一起修建员工宿舍，帮助他们管理仓库、打理伙食，还兼职会计和出纳，总之是"一脚踢"[②]，什么活儿都干。跟修路相比，这份工作没

---

① 岐江桥，位于中山，长70米，宽4米，两边用木头搭建，中间设浮船，可开合桥面，方便船只通行，该桥1951年1月1日建成通车。
② 一脚踢，粤语，指的是一个人干完所有事情。

那么辛苦，我也在那个时候认识了现在的爱人。

因为我们工作辛苦，收入又不高，很多人家都不愿意把女儿嫁给公路人。我爱人从未嫌弃过我的出身条件，这么多年我们感情一直很好，我很庆幸遇到了她。

1982年，我被调到中山养路费征收站工作。那两年刚好是养路费征收的筹备阶段，需要把车辆的信息资料从原中山交通监理所转移到征收站。当时没有电脑，所有资料都是人手抄的，筹备工作足足持续了两年。直到1984年，征收站才正式开始征收养路费。养路费征收的时间为每月25号至次月3号，征收结束后我们会到路上巡查过往车辆的缴费情况。那时中山的车辆和道路不多，但是征稽所的工作人员也很少，工作量还是挺大的。

2009年，国家实行"费改税"[1]政策，征稽所就不再收取养路费[2]。我被调到公路局路政管理科担任路政员，一直到现在。

路政管理科的主要工作是保护路产[3]路权[4]。我们需要经常外出巡查，检查是否有私设广告牌和私自开挖公路的情况，有时遇到重大突发事故我们也要出动，总之，所有与危害道路安全有关的事都在我们的工作范围之内。以前镇区有些"土皇帝"是很霸道的，他们不按规定办事，随意开挖公路，管理起来十分麻烦。《公路法》出台以后情况好了很多，法治社会讲究依法办事，我们工作起来也顺畅了很多。

---

[1] 费改税，也称税费改革，是指在对现有的政府收费进行清理整顿的基础上，用税收取代一些具有税收特征的收费，通过进一步深化财税体制改革，初步建立起以税收为主，少量的、必要的政府收费为辅的政府收入体系。

[2] 2009年1月1日，国家发改委决定在全国范围内统一取消公路养路费等6项收费，我国成品油税费改革正式开始。中山市公路局局属单位公路规费征稽所停止2009年公路规费的征收工作，于三年内完成人员安置并撤销机构。

[3] 路产，即公路、公路用地、公路设施的总称。

[4] 路权，即交通参与者的权利，是交通参与者根据交通法规的规定，一定空间和时间内在道路上进行道路交通活动的权利。

公路规费征稽所服务窗口（摄于2008年11月）

前几年，路政管理科的人手不多，外出工作都是结伴而行，一天下来也巡查不了几个地方。后来，各个养护所陆续成立路政股，路政管理科的人员被分配到不同地方，每人负责巡查几条路段，这样操作不仅提高了效率，也可以把工作做得更加细致。

陪伴公路成长的大半生

公路局很重视人才，二十世纪八十年代，单位招收了一批大学生，现在已经成为公路局的骨干人员和中坚力量，国道G105线中山段上的14座跨线桥都是他们的功劳，还有很多大的工程项目都由他们负责。近几年我们也陆续招收了很多毕业于专业院校的大学生，他们是公路局的新鲜血液，对公路的发展会起到至关重要的作用。

四十多年来，我见证了改革开放后国家的繁荣，中山公路的迅速发展。比如一再扩建的国道G105线中山段，到目前为止，沙朗到小榄路段一共建了 14 座跨线桥,很大程度上缓解了国道 G105 线中山段的交通压力。

　　与我一起见证中山公路发展的还有马尾松,这是中山公路绿化最早种下的一批树种。现在很多地方已经不种马尾松了,只有东区槎桥村附近还留着一排,都是几十年树龄的大树。2017 年台风"天鸽"来的时候,有几棵马尾松被大风刮倒了,我看着它们从小小的树苗成长起来,真是心疼啊。很多城市越来越重视环境绿化,中山也不例外,要打造"一路一树一景",公路边上的行道树种类越来越多,还栽种了很多时令花卉。

　　在公路局工作的这些年,日子虽然平淡,但我很知足,无论做什么工作都应该是这样的,干一行爱一行。还有几个月,我就要退休了,我伴随中山公路成长四十多年,即便离开了工作岗位,未来的日子里,我想自己还会继续默默守候它。

阮社强

长路平坦，只因有人日夜坚守

阮社强，1959年9月生，中山市火炬开发区人，共产党员。1976年参加工作，从事公路养路工作35年，2011年退休，退休前职级为技术工二级岗位（技师）。

沥青为媒的爱情

我1976年高中毕业，还没参加毕业典礼，就到中山公路工区做养路工作了。一开始，我被分配到西桠道班，随后调到曹步道班，在这两个道班我是普通工人，后来我调到石岐道班任班长。大道班改革后，我从一线工人转为管理人员，直到2011年退休。

刚参加工作时，中山公路还是沙土路，汽车经过的时候烟尘滚滚，把路面挤压得凹凸不平，推动沙土堆积形成一级一级的"楼梯"。我们要把高出来的沙梯铲平，雨天是铲沙梯的最好时机，沙土路面吸水之后变得松软，用铁锹很容易把高出来的地方铲掉。此外，还要用铁拨把路面的沙土推拨平整，这个过程叫"回沙"，最初全靠人力，后来各个道班都饲养了黄牛，工人拉着黄牛像犁田一样拖动工具回沙，算是进步了一点。到了二十世纪八十年代，我们开始用手扶机进行回沙。

七十年代很缺乏水泥，一般在农村建房子时政府才会配给一点。而黄泥漫山遍野都是，不怎么值钱，我们可以就地取材，把黄泥当做修路的材料，需要多少就挖多少，还不用给钱。我们将黄泥和沙子按比例混合，用来填补路上的坑洼，坑洼补好之后还要每天洒水做保养。

八十年代公路逐步由沙土路改为沥青路，车辆在沥青路上行驶不会扬起太大灰尘，相比以前，路面干净了很多。但是，沥青路的病害也有很多，比如路面出油、起油包等，处理起来不比沙土路容易。太阳晒得厉害，路面温度升高，沥青油就会融化，路面出油很容易使汽车打滑，要用沙子把出油的地方盖住，待车走过之后把沙土和沥青混合压紧实，摩擦力增大也就不会打滑了。起油包是指沥青路中的油分太多，拱起来形成一个个像馒头样的包子，我们说的铲油包就是把拱起来的部分铲掉。

2008年5月，县道X575线中山港大道上，养路工人驾驶铣刨机进行公路养护作业

阮社强
长路平坦，只因有人日夜坚守

以前都是人工煮沥青，也有女性做这个工作。比如我的妻子陈铅好，她以前是沥青队的工人，我很欣赏她吃苦耐劳的精神。虽说男女平等，妇女能顶半边天，但是男女的体力终究有差别，女同志做这份工作会更加辛苦吃力。

最初煮沥青用的是土方法，我们在路边挖一条坑，坑上放一个长四米、宽一米多的大铁锅，在锅底烧柴加热，待铁锅烧热，再把沙放进去翻炒，加沥青煮融。几个人围在边上，用铁铲不停搅拌，待沥青变黑就可以出锅了。除去加热锅底的时间，煮一锅沥青大概需要十几分钟。一百多度的高温环境下，蒸汽和油烟都涌了上来，沥青的味道难闻刺鼻，戴上防护口罩更感到闷热，偶尔有工人适应不了还会晕倒。

我们在三乡铺沥青路时可以使用搅拌机，实现了半机械化，工人只需要准备材料，熬煮沥青由机器完成。司机开车拉着一台搅拌机慢慢行进，搅拌机后面还拖着一箱沥青油，路边放着一堆堆预备好的沙子，车一经过工人就把沙子铲进搅拌机里，机器把沥青油喷在沙子上，搅拌机搅匀后自动卸下材料，我们马上把沥青摊铺在路面上，用压路机压紧实，沥青路就算铺好了。后来，机器进一步替代了人力，工人不用那么辛苦，工作效率也越来越高。

现在的沥青路是以水泥路做底，在上面铺改性沥青[①]。改性沥青比以前用的沥青高级很多，更加耐用，性能有了很大的提高。八十年代，大部分公路宽度只有七八米，现在的村道都不止七米，主干道宽达几十米。社会在不断发展进步，公路也是一样。

---

① 改性沥青，是通过掺加橡胶、树脂等改性剂，或采取对沥青轻度氧化加工等措施，使沥青或沥青混合料的性能得以改善制成的沥青结合料。

情侣锯树培养感情

　　台风暴雨天气之前，养护所所有职工都取消休假，随时待命，哪里有状况我们要立即外出抢修。暴雨之后，低洼的地方会出现"水浸街"的现象，有时积水甚至没过了膝盖，需要打开井盖尽快排水，疏通下水道里堵塞的垃圾和淤泥。以前工人都是直接上手清理，后来有了工具，我们用加压水枪将结团的淤泥冲软，再用吸车把下水道里的垃圾清理干净。我们还要及时清理被强风吹倒在地的树木。以前处理倒树是工人用手拉锯一点点锯断，两个人合作，站在树干的两边，你拖一下，我拖一下，大家开玩笑说，这个时候最适合情侣培养感情。

2014年2月，国道G105线东升坦背路口跨线桥建成通车

以前农村的很多家庭还是烧柴煮饭的,我们清理树木的时候,附近村庄的村民就会来捡树干回去当柴烧,村民有了柴火,又省去了我们后续清理的麻烦。后来有了电锯,处理树木就几分钟的事情,后续搬运反而成了大问题,因为村民都用上了天然气,没有人再稀罕柴火。

有一年雨水特别多,东升坦背到小榄的那段路烂得很厉害,遍布着大大小小的坑洼,里面还有积水,路面颠簸不平,一边高一边低,汽车走过时,溅起一片泥浆,还会摇摆打滑,几乎无法通车。公路局从各个道班抽调人员组成抢修队伍,我们日夜工作,连续作战了一个星期,才使路段恢复正常通车。

"卖礼拜"增加收入

我刚工作时还是初级工,一个月工资32元2毛。如果周末加班不休息,是可以兑换成工资的,我们的说法是"卖礼拜"。为了生活,我老想着多赚一点钱,经常"卖礼拜",节假日基本不休息,经常一个月上足三十天班。

七八十年代,我们经常推着木斗车上班。木斗车是由大板车改装而成的,我们在平板上加一个四四方方的斗,大概长一米,宽六十厘米,高四十厘米,跟木箱差不多大,用来运泥沙。

在沥青队工作时我们住的是流动宿舍,经常搬家,工程在哪里,就把宿舍建到哪里,搭一个简易的竹棚,六个人挤在一起凑合着住。道班和养护所的宿舍都是砖瓦房,环境好很多。单位还有职工食堂,午饭有专人做好后送来工地。我经常听前辈说,以前的日子更艰苦,没有饭堂的时候,他们都是在路边自己煮饭吃,这些我都没有经历过。

我当普通工人的时候,跟着老前辈认真学习养护知识,在工作的过程中不断努力钻研,发挥自己的优势,也得到了大家的认可。我一

2018年2月,中山港公路养护所工会主席杨咏冬(右)到阮社强家中进行慰问

步一步踏实工作,终于升任为班长。

我对工友说,我们道班负责的路段优等路要达到百分之九十以上,也就是说,我们负责的10公里路,至少9公里的路都是优等路段。为了实现这个目标,所有人必须团结一心,我要和大家一起干活,一起铲草、煮沥青、铺路,做得更多更好,起到班长的示范带头作用,赢得工友的尊重,他们才会听从指挥。

作为班长,我还要协调工友之间的关系。大家性格不同,有的调皮,有的听话,对调皮的人要多做思想工作,经常开导。如果有员工觉得这份工作很辛苦,这是很正常的,我会跟他谈心、讲道理,比如你为什么出来工作,这份工作的前途又是什么呢,经常聊着聊着他就豁然开朗了,最后可以安心踏实的做好工作。也有少部分人固执己见,怎么说都不听,我会认真询问他的意愿,如果他真的不想干了,那也随他的意思,不能勉强。

甘之如饴的付出

中山市公路局隶属佛山市公路局管辖时，还叫中山公路工区，工区分为东凤道班、曹步道班、东升道班、裕民道班、石岐道班、神湾道班、三乡道班、深湾道班、肖家村道班、西桠道班、中番道班等11个道班。

后来沙土路改造，单位专门成立了沥青队，负责新建马路。我被抽调去沥青队修路，并在那里认识了我的妻子。沥青队解散之后，我又去过曹步道班和石岐道班。直到大道班改革，我调到养护所转做管理方面的工作。

俗话说，路通财通，公路畅通经济才会发展。改革开放之后，中山经济腾飞，路上车辆成百倍的增长，公路的发展也在与时俱进。七十年代至今，中山公路由少变多，由窄变宽，由几条主干道变成一张公路网，真正实现了"畅、安、舒、美"。公路养路工作虽然平凡，但意义重大，中山公路的今天离不开一线养路工人的点滴付出。一片爱心护公路，洒下一路汗和情，我在一线养路岗位工作多年，因为有了责任和担当，才会在日复一日的单调工作中甘之如饴。

陈献武

一位朴素的道班工人

陈献武，1964 年 4 月生，中山市三乡镇人。1981 年 3 月进入中山市公路局工作，曾在深湾道班任道班工人，1998 年起在中山市公路局三乡公路养护所任职，从事公路养路工作 37 年。

    我 1981 年到中山市公路局工作，当初选择这个单位，主要是听从了父亲的建议。那时我才 16 岁，已经是生产队的壮劳动力，家里贫困，兄弟姐妹又多，靠工分收入，每年都入不敷出，所以我想到墟仔镇找工作。刚好听人说起公路局招收职工，我觉得赚工资也很不错。稳妥起见，我还是回去征求了父亲的意见。回到家，我向父亲提及此事，他表示赞成。

    于是，我 1981 年 3 月 31 日正式进入公路局工作，直至现在，一干就是 37 年。光阴似箭，还有一年我也要退休了。

服从工作安排

    我是同批职工里年龄最小的，自从进入公路局工作，我就没有想过离开。原因也很简单，其一是自己的文化程度不高，我 12 岁出来工作，做泥水工、搬砖，后来在生产队从事农活，赚的工分也不多，去到别处可能再也找不到这么好的工作；其二是公路局的这份工作虽然辛苦，但收入还算不错；其三，在养护所工作我感到十分开心，同事之间像朋友也像家人，很温暖。

我在这里工作，学习了很多公路养护的技术，比如怎样补沥青，在公路上如何搞清洁，虽然是简单的工作，但是我感觉收获良多。在单位的安排下，我参加了不同种类车辆的驾驶培训。手扶机我开了七八年，主要用途是载运水泥以填补路面；我还开过牵引机，那是一辆很小的东方红；后来我还陆续驾驶过拖拉机、湛江仔等。科技不断发展，我们使用的机器也一直在更新换代。

我每天的工作很简单：清扫马路边的水沟和绿化带的落叶，修剪花草，收拾路边的胶袋，清理沙井①以防路面积水。我的工作范围很广，从神湾到板芙，从三乡古鹤到五桂山，一切听从股长的安排指挥。我为公路事业的发展贡献了自己的青春与热血，我就像公路事业这个庞大机构里的一颗螺丝钉，骤看不起眼，实则必不可少。道路的干净、畅通，大家出行的平安便利，都离不开一线养路工人的默默工作和奉献。

不惧台风袭来，工作在抢修一线

每当遇到暴雨台风等恶劣天气，那些被吹倒的树木植物横七竖八"躺"在路面，严重阻碍了道路的畅通。为了群众的安全出行，我们会第一时间开着机器到现场抢修。

印象中最严重的一次台风，是2017年的"天鸽"。还记得当时，强风把树叶卷上半空，路上很多树木被吹得呼呼作响、摇摇欲坠，在那样恶劣的天气条件下，我们依然要到户外进行抢修。台风的风势很

---

① 沙井，广东人对下水道井的称呼。

2017年8月，台风过后，养路工人在清理倒伏的路树

强，被吹断的树木、吹掉的路牌和招牌满街都是，阻塞了数条主干道。第一天我们一直工作到晚上11点，道路才慢慢开始恢复通畅。那次台风的抢救工作持续了十几天，基本全体人员都出动了。我们分组分工，每组负责一段路，负责的范围包括古鹤、神湾、五桂山、板芙等地区。

说实话，台风天外出工作是非常危险的。大风中混杂的尘土泥沙遮挡了视线，树枝被吹得噼里啪啦掉下来，几乎令人寸步难行，但为了群众的安全，我们也顾不上许多。当然，领导也会叮嘱我们一定要注意安全。每次工作前我们都会佩戴好安全帽，再去清理道路。平时，我们也会不定时对绿化树进行修剪和清理，以减少暴雨和强风天气下倾倒或刮断的风险。

机械化程度越来越高

以前没有那么多专业的机器，养路工作多半靠人手。像熬煮沥青这种活儿也是要靠手工的。人手熬煮沥青是很累的活儿，工序也十分讲究。首先搬来木材作燃料用于烧锅，直到大火把铁锅烧得通红，再将泥沙放进去，用铲子翻炒。炒制所需的时间和泥沙的质地有关，如果质地干燥，很快就可以翻炒均匀，只需15到20分钟就可以完成；如果质地湿润，耗时就要久一点，大概半个小时左右。当泥沙炒得干透了，我们再把沥青倒进去，将其搅拌均匀。

有时操作不当就会被烫伤，特别是将沥青铲起来的时候，如果不小心有水滴进去，沥青"哔哔剥剥"四溅起来，十分危险，做这个工作烫伤是难以避免的。有时水放多了就更麻烦了，水一漏到锅里，气泡涨起来，我们只能慢慢搅拌，小心翼翼地去掉里面的气泡。最后把补路用的沥青都炒好，再开始装车，运到公路上进行修补工作，整个流程不能间断。每次我们会分好工，一部分人负责装车，一部分人负责熬煮沥青，还有一部分人负责补路。

我在深湾道班时，负责的那个组需要五百多人熬煮沥青，按车计算价钱。那时我已经是师傅级别了，负责请工人来熬煮沥青，并指导、统筹及安排他们的工作。如果是大范围铺路，一车的沥青很快就能用完。如果是小工程——修补路上的小坑，用的时间就要久一些。公路上因为耗损出现的坑位置分散、形状不同、大小不一，有的大概半米宽，有的只有十几厘米宽。以前的技术有限，修路耗费的工时也更长。

即使到了夏天，天气炎热、烈日当空，我们也要坚持长时间的高温工作，回想起来真是十分辛苦。现在机械化程度提高，工人可以操作机器铺补路面，相比以前轻松很多，但对技术的要求也更高了。

补路渐趋规范

沥青公路极易耗损，出现坑坑洼洼。汽车行驶在这样布满小坑的路面上十分危险，所以我们要不时巡查公路，定期进行养路工作。

中山的马路容易出现"小坑"的原因主要有几点：第一个也是最重要的原因是，以前的公路基础不好，所用的材质和建设技术较差。第二个原因是，这里的气候潮湿多雨，雨水一旦渗透到公路里层或坑洼缝隙中，路面就会慢慢坏掉。加上重型机动车行驶在上压迫路面，表层会变得更加凹凸不平。除了水，沥青最怕的东西还有柴油。汽车在行驶途中，一旦不慎将柴油洒漏在沥青路面上，那块地的沥青就会散开。

修补公路上的小坑时，我们需要事先估算补好这段路所需的沥青数量。面积大的坑好操作，很快可以补好，坑越小就越难补。我们每补一个小坑，要先淋油，然后铲平坑口，加入材料做好夹层，最后再用压路机压平。同一条路上的小坑数量不等，有的隔五十米有一个小坑，有的隔十几米又有一个。每修补一个要把工作车开到目标处，这样来回就耗费了比较久的时间。做这样的工作，中间基本不能休息，很多时候工作到中午 12 点才能停下来，简单吃个午饭。

修补小坑时，如果直接把沥青倒进去，出来的形状有的是圆形，有的是三角形，十分难看。现在规范了许多，要求补好的坑形状保持四四方方。我们会借助工具，抹油的时候对准一个四方的小格，沥青倒进去后再拨平，最后把多余的部分铲掉，这样看上去也更加整齐美观。

安全第一，生产第二

做养路工作，不管烈日晒还是大雨淋，我们都要出去工作。很多时候一条通行道在进行养护时，另一条还是照常通行。工作过程中，有车辆一直在身侧穿梭而过，十分危险，所以自身的安全是最重要的。上司也经常叮嘱我们："不在乎你们干的有多出色，只要求你们把安全放在第一位，没有安全的话，再能干也没有用。"每次工作前，我们会先放置施工牌，并尽量放多一点，放远一点，让经过的司机能看到，及时避让，这样会安全许多。

幸好，我们没有发生过人员受伤的意外，最危险的一次也只是施工牌被汽车撞倒了。2017年的一天，我们工作结束在一边休息，一个司机开车时可能不小心打了瞌睡，"嘭"的一声直接把施工牌撞凹了。我赶紧跑去查看，幸好只是牌子坏了。撞到施工牌不是什么大事情，回来用锤子修一下又可以继续使用，没有撞到人才是最重要的。

每月工资"37块9毛"

我现在月工资将近5千块，减去社保有3千块左右。我记得刚到公路局工作时，第一个月的工资是37块9毛，平均一天工资只有1块多，好在伙食有补贴，可以勉强维持生活。

工作五年之后，我的工资涨到了100块左右。以前物价低，1斤猪肉1块多，5分钱就能买好多东西吃。现在100块买一顿菜就没了。

现在计算工资的方式是"计量支付，独立核算"，也就是说我们养护的路段有多少公里就有多少工资。因为是财政拨款，要做预算，工人工资、机械费用、材料费等都要上报预算给财政部门审批发放。

公路发展的见证者

我1982年3月从曹步调回神湾。当年交通很不方便，车次也不多，我要先从曹步坐车到石岐，再从石岐转车。现在公路"四通八达"，

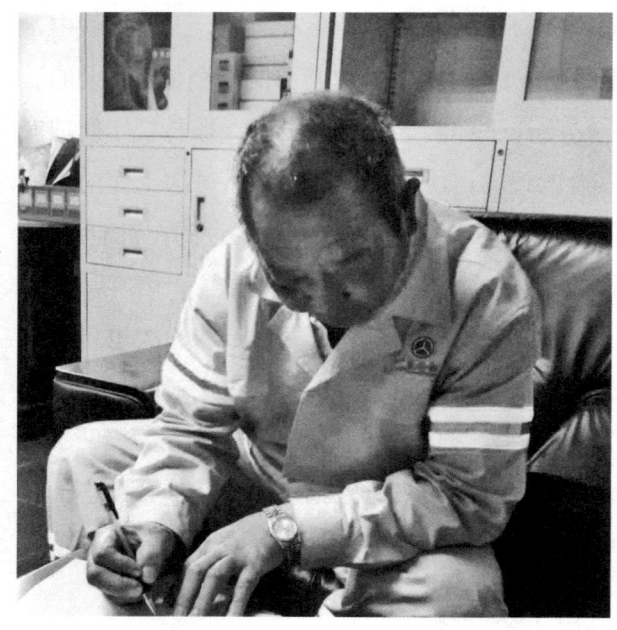

陈献武近照（摄于2018年3月21日）

车的班次也多，想什么时候回家都可以。以前的路窄，泥泞又多坑，坐车经常被颠得肚子痛。现在公路基本都是水泥路、沥青路，变化很大。

在我看来，公路养护发展变化最大的是从靠人力转变为靠机械，机器也是代代更新发展的。八十年代的时候只有手扶机，没有大车。现在有很多类型的车，例如水车、扫沙车、农用车、压路机、推土机等。

每一种机器我基本都会操作，也不觉得难学。以前单位会出钱安排我们学车，然后分批去长江考场考试。学车时有餐费补贴，工资也照常给，个人提升和公司发展同步。机械化之后工作相对没有那么辛苦，现在工资高了，福利也好了，比如早餐自己出一块，单位补贴六块；午餐自己出两块，单位补贴十五块。这也是我愿意一直留在公路局的原因，这是一个有成长空间的单位，有凝聚力，也让职工有归属感。

作为师傅，言传身教

现今新入职的职工，都跟随我学习。今年招聘了三个工人：两个饭堂员工、一个路面临时工。我们招聘临时工也有要求，首先看他能不能吃苦，第二是工资他满不满意。进来的工人大都留下了，很少有辞职的。

每天的具体工作由股长安排。作为师傅，我一般带着新人去外面工作，把自己几十年的经验全部传授给他们，大家的关系亦师亦友，十分融洽。

通常，星期三是我们一周中最开心的一天。大家一边笑，一边说着："再做两天又可以休息两天了。"我们知足常乐，每一天都开开心心。

明年我就要退休了，回首在公路局的这些岁月，感慨之余更有深深的不舍，我会恪尽职守，站好职业生涯的最后一班岗。

李广有

门外汉到行家的三十一年

李广有，1962年4月生，广东省阳春市①人。1987年入职中山公路工区曹步道班工作，1991年调到深湾道班，1998年调到三乡公路工区，2000年起任沥青组组长，2011年起任绿化组组长。

从乡村代课老师到养路工人

我的家乡在阳春，那里是山区，地广人稀，工作机会很少。1981年高中毕业后，我回家务农了一段时间，1983年经同学介绍，我到附近小学代课，教二年级和三年级。代课教师的工资很低，每月只有二十多元钱，那时我已经成家，还有了孩子，这份工资根本不够养活一家人。

后来，朋友介绍我到中山公路工区工作，我心想，珠三角地区的工作条件肯定比山区好，收入应该也更高，便决定出来闯一闯。1987年，我和几个老乡一起来到中山，成为了曹步道班的一名养路工。

养路工人每天的工作就是晒沙、炒沥青、铺沥青路。当时养护机械比较落后，炒沥青全靠人力，烘干沙粒后，倒沥青油进去拌匀翻炒，

---

① 阳春市，位于广东省西南部，是珠三角地区与粤西地区的交通中枢。

沥青混合料变黑后出锅,将其均匀摊铺在路面上,用压路机压紧实,待过几天路面翻油后再铺一层沙土压实。这份工作从早到晚片刻不得空闲,一天下来非常辛苦,还经常需要加班加点,基本是"晴天一身灰,雨天一身泥;夏天一身汗,冬天一身霜"。

炒沥青属于高温作业,即便穿着鞋脚底都会烫出水泡,只能多垫几层鞋垫隔热,烫伤手更是常有的事,多数时候擦点烫伤药膏简单处理一下,就接着开工了。工作的时候我们会戴口罩,但是沥青的味道十分刺激,穿透力很强,口罩难以完全隔绝,多少会闻到。长期吸入过量的沥青烟会对健康产生影响,2008年体检,我查出喉咙长了一块喉息肉,所幸问题不是很严重,我做完手术后在家休养了一个月就基本康复了,一直到现在也没有复发。

2017年,省道S365线定溪路段上,养路工人在清理水沟垃圾

一开始我很不适应公路养护工作，我想想自己拥有高中学历，做过三年老师，也算半个读书人，转行干这种体力活对我来说真的是个挑战。几个老乡坚持不住都离开了，我心中也萌生过无数次放弃的念头，但这份工作稳定，收入也不错，为了家中妻儿老小，我还是咬牙坚持了下来。

　　夏天酷热难耐，我们在马路上作业时经常穿件汗衫，甚至光着膀子，皮肤经过太阳长时间的炙烤变得黑黝黝，晒到脱皮是家常便饭。每次回老家，以前的同学都笑问我在做什么工作，怎么晒得这样黑，曾经的学生也说我快变成非洲黑人了。起初，我不好意思介绍自己养路工的身份，都是几句话含糊搪塞过去，过了很长一段时间，我慢慢适应之后，才敢大大方方告诉他们我的职业。

　　1992年，我从临时工转为合同工，工作和以前一样，只是工资增加了。第二年，我老婆和儿子从阳春来到中山，我老婆也到了公路局上班，一家人终于在中山安顿下来。

放下身段的蜕变

　　我高中毕业，算是那个年代比较高的学历，在道班工作时，领导安排我兼职财务工作。这个工作不算复杂，做好收入支出的明细统计表就可以了，当时没有电脑，全部都是手工填表计账。白天我和其他工友一样去路面作业，晚上下班后利用业余时间统计财务，完全是义务性质，没有加班费。到了每个月底最后两天、每年年底和审计期间，我需要全职在办公室做账。有时我还会帮道班的领导写写总结报告，相当于文秘的角色。

　　大家称我为"多面手"，是因为炒沥青、铺路、绿化养护、操作机械我基本样样精通。回想起转行之初，我那时刚从三尺讲台上走下

2008年5月,中山市公路局职工参加"战备钢桥架设"应急演练

来,对公路养护知识一窍不通,是个名副其实的"门外汉"。一开始,我也放不下身段,工作时害怕遇到熟人,被别人耻笑,每天晚上回到办公室统计数据、写材料就是我最高兴的事。

我渐渐发现,由于逃避面对自己的身份,我在这个岗位上一直没有什么收获,干的始终是粗重的体力活,日复一日,生活索然无味。我决定改变这种现状,买来书籍自学,并虚心向前辈请教,我开始经常思考怎么才能把工作做得更好,比如铺斜坡的时候为什么要这样铺,灌缝和开缝要怎么操作等,我边做边学,慢慢掌握了越来越多养护技术。我还用一年的业余时间自学,自费考取了会计证,可惜的是因为工作变动,会计证没怎么派上用场。

1995年,中山市开展首届优秀外来员工评选。我在电视新闻里看到消息,就自己去劳动局拿了推荐表,本着尝试的心态报了名,没想到领导很支持。交表的第二天,就有单位过来采访我,说我评上了"十佳员工"。1998年,我被调到三乡公路工区,领导看我工作勤奋、踏实肯干、学习能力强，2000年任命我为沥青组组长，2011年又任命我为绿化组组长。

局里经常派我外出参加各种比赛，2007年，我参加中山市举办的首届养护技能比赛，取得了很好的成绩。之后几年我又连续参加过好几届比赛，每次基本都是第一、第二名。2008年广东省举办的养护技能比赛中，我拿了中山市第一名、广东省第九名的成绩。2014年，我代表市里参加广东省的"交通杯"安全措施技能比赛，很遗憾那次没有获奖。长江后浪推前浪，最近几年单位开始派一些年轻员工外出参加比赛，领导指定我给他们做培训，我又多了一个身份：培训导师。

我真的很幸运，自己的付出都有回报，能够获得大家的认可，这些荣誉和肯定是支撑我安心留在公路局的一种动力。

2015年5月，李广有在省道S365线神湾外沙路段进行绿化养护

职业无分贵贱

我们绿化班有15个人，负责国道G105线中山段环城至古鹤路段、S365麻阳线全线这两条线路的绿化管养，来回总计70公里。

公路绿化是项技术活儿，不同的花草要修剪出不同的形状，每种形状都有对应的修剪技巧方法。球状造型的苗木要修得圆润没有棱角，四方造型的绿化必须把每个角修成标准的90度。我们使用的工具是绿篱剪，绿篱剪重约七公斤，光是拿着已经十分吃力，还要举到和植物一致的高度上下修剪。刚开始做这项工作时我很不习惯，一天下来手臂早已麻木，关节也很痛，下班回去吃饭连筷子都握不了，晚上用热毛巾敷一敷才能有所缓解。

绿化工作有时也要负责路面清洁、打扫卫生，新来的员工一般比较要面子，怕碰到朋友，被人嘲笑是捡垃圾的。我用自己过去的经历鼓励他们，职业无分贵贱，这只是一种工作，别人爱笑就让他们笑去吧，我们自己心里坦荡就好。现在公路养护的机械辅助工具越来越多，每次更换新工具，我会带头学习摸索，我还经常指导新员工，帮助他们快速适应路面工作。我培养的很多新人现在都成为了各自部门的"主力军"，我很为他们高兴。

2015年的一天，我在外进行绿化作业时，一对夫妻开着摩托车经过，为了躲避一辆汽车摔倒了，两个人伤得很严重。我马上组织工友分工合作，一人去工作车上拿急救箱，一人报警，另外几个人把他们扶到旁边的花基上。我们学过急救知识，工作时会随身携带急救箱，蚊叮虫咬、头晕感冒、跌打外伤的常用药都有准备。在等待交警到来的那段时间，我们先帮他们处理伤口，简单包扎，交警到达之后马上把伤者送到医院，我还把现场的情况拍摄下来，传回了所里。这件事我们临危不乱，处理及时，得到了所里的通报表扬。

公路里的中山
中山公路建设亲历者口述回忆

风雨夜归人

　　1992年，中山下了一场据说是"百年一遇"的大暴雨，我现在还记忆犹新。积水差不多半人高，完全看不到路面，排水口前堵满了树枝、木板和垃圾，必须马上清走。由于积水太深，我们只能试着用脚踢开那些沉在水下的垃圾杂物，待它们浮起之后再用手清理。我的脚被水浸得湿透，后来才发现雨靴早就在清理杂物时被刮烂了。

　　还有2017年的那场强台风"天鸽"，相信很多人都还有印象。8月23号一大早我们接到通知全体出动，做好迎接台风的准备。台风刮得最猛烈的时候我正在神湾参与抢险，当时风雨交加，树木、路灯柱，甚至巴士站牌都被大风吹倒了，路上一片狼藉。我们先关掉公路电路的总闸，截断电源，等风势稍弱，我们合力把巴士站牌搬走，再着手清理路上的垃圾。

2016年6月，李广有在国道G105线平东路段参与抢险

那段时间天刚蒙蒙亮我们就要上班，一直工作到晚上十二点，因为停水停电，工作的难度更大。我所在的三乡公路养护所是受台风影响最严重的地区之一，我们大概用了一个月的时间善后，局里还协调东凤、东升、中山港等养护所的人员前来支援。

养兵千日，用兵一时，越是恶劣的天气，我们就越要坚守岗位，努力保一方安全。为了更多人安全舒适的出行，我觉得这点付出很值得，这份工作很有意义。

从1987年入职到现在，我在公路局工作已有三十多年，还有几年就要退休了。我想趁着身体状况不错，退休之后到全国各地旅游，去天南海北走走看看，也算是犒劳自己这么多年的辛苦工作。

马建友

平凡的荣耀

马建友,1965年12月生,中山市板芙镇人。1982年入职,三乡公路养护所在职职工,从事公路一线养路工作。

全家都是养路工

我的父亲、姐姐、妻子和我自己都是一线养路工人,亲戚们称我家为"养路专业户"。我出生以来,就和公路结下了密不可分的缘分。

我父亲曾是中山公路工区的修桥工人,根据当时的顶职政策,父母退休之后,子女可以顶替父母的职位参加工作。我是家里唯一的男丁,上面五个姐姐,我排行第六,下面还有两个妹妹。我父母都是农村人,重男轻女,把家里唯一的顶职机会留给了我。1982年,我进入中山公路工区工作,从临时工做起。一年以后父亲退休,1983年7月1日,我转正成为正式职工。

正式职工比临时工的工资高,福利待遇更好,我的户口也转为非农户口,可以说吃上"皇粮"[①]了,退休以后我可以领退休工资。临时

---

① 吃皇粮,指的是在党政机关或者国有企事业单位工作,工资有保障,俗称"吃皇粮"。

工出一天工拿一天工钱，随时有被辞退的风险，自然也没有退休工资。

我最初被安排到工区沥青队，工作地点在石岐。我家在板芙深湾，平时，我住在单位提供的免费宿舍，就是用竹竿搭建的一间简陋茅屋，十几个人挤在一起。我父亲工作时的条件更艰苦，他们建桥时住的是流动宿舍，在维修的桥梁边搭一间茅棚当宿舍，建好桥之后搬走，再去下一个工作点搭建。现在的集体宿舍一间只住四个人，近两年还安装了空调和热水器，比以前幸福多了。到了休息日，我会骑自行车回家，石岐到深湾十几公里，骑车两个多小时。虽说公共汽车的车票不贵，我记得只要两毛钱，但那时汽车班次少，要等很久，没有自己骑车来得自由潇洒。

我们平时工作的地方离宿舍比较远，大家中午都不回去休息，吃完饭就在树荫下坐着聊聊天。午饭由单位派人统一送到工地，我刚工作时的伙食不太好，没什么肉吃，素菜居多，基本是大白菜和南瓜，每个月的米是定量的，我们饭量大，米饭不够吃，就把番薯和米一起煮，叫番薯饭。后来生活变好了，现在我们的标准配置是三菜一汤，每餐至少一个荤菜。

1987年，我被调到南头渡口所。两个月后，单位又把我调往深湾道班，我在深湾道班工作了十年。直到1997年，三乡公路工区成立，单位调我过去工作，一直到现在。

我现在基本工资差不多两千元，加上一千二百元的绩效工资和岗位补贴，每月有四五千元的收入，比以前高出许多。已婚员工，或者长期在公路局工作的外地员工，还可以向单位申请免费的房子居住，这个政策属于福利分房。对于现在的待遇条件，我十分满足，我想让儿子也来公路局工作，他嫌辛苦，一口回绝了我。现在的年轻人吃不得苦，相比几十年前，如今的养路工作不知轻松了多少。

修理地球的人

　　四五十年前,中山公路多是沙土路,修补道路用的材料都是养路工自己从山上挖的黄泥,从小河淘的泥沙。挖黄泥的任务尤其艰巨,我们在山顶挖的黄泥,要运到山下装车。人工挑黄泥下山太辛苦了,我们想办法,沿着山坡挖了一条长坑,黄泥可以顺着长坑"滑"到山下,速度很快还省力。那时,搬运黄泥的工钱是一元钱一车,算是很好的收入了。

　　二十世纪七十年代后期,中山开始将沙土路改建为沥青路。我刚入行时,沥青路的修建用的还是比较原始的方法,从材料准备到铺路,工作基本没有机械辅助,全部是人手劳作。

　　沥青的气味很臭,很多人最开始闻到会感觉头晕恶心,需要很长时间适应。熬煮沥青时温度又高,我们工作时汗水直流,衣服始终是湿的。以前也没什么防护措施,最多戴一顶草帽。骄阳似火,几乎要把路面融化,即便穿着鞋子走在路上,脚底都会被烫出泡,我们也没什么药可以擦,只能把鞋垫垫厚一点。

　　夏天作业,单位会给我们发放高温补贴,八十年代一天八毛钱,按日计算。那时物价便宜,买一包烟才九毛多,一天的补贴相当于一包烟的钱。

三乡公路养护所工作人员合影（摄于 2008 年 10 月）

早期，我们连工服都没有，工作完之后衣服被熏得发黑，很难洗干净，我们也懒得清洗，找个地方把衣服随便一挂，等开工再拿出来穿。近十年，养路工才有了特别定制的工服，工服脏了可以统一清洗，烂了之后还可以申请领取新的工服。

铺沥青路的时候，我们从早忙到晚。先把石粉跟水泥混合搅拌后拿去铺路的底层，铺完之后用压路机把路面压紧，接着洒水，待路面可以反光，再用机器喷一层沥青油，最后洒石粉，待路面泛油[①]后再铺沥青，一般铺两三公分厚，这样一个程序走下来，沥青路才算铺好。

近几十年，中山公路变化很大，修路用的材料也发生了变化，从普通沥青变成改性沥青。以前修路用的材料足，质量也好。就拿沙来说，以前的沙都是坑沙，是我们从坑里挑上来的，坑沙粗，质量好一些。现在用的都是海沙，质地比较细，使用时还需要掺加石粉。

有一次，我站在两条车道的中间铺沥青，一辆车开过来碰到我的脚踝，幸亏车速不快，我闪避及时，才没有酿成什么严重的后果。

拥有5种驾照的老司机

工作前几年，我基本没有假期的概念。在沥青队时，除了雨天可以休息，其他时候都要上班；在道班时，我们没有固定的休息日，都是轮休。1987年开始，我们每个星期有一天半的假期，现在是双休。国家法定节假日，比如劳动节、国庆节、春节等长假，出游的人特别多，我们会安排人员值班。有一年大年三十晚上九点多，有个路灯被撞倒，需要紧急抢修，我们从除夕一直工作到大年初一早上，干完活儿起身，大家都疲惫地互道一声："新年好！"

---

① 泛油，是指路面混合料中的沥青向上迁移到路表面，路面沥青被挤出或表面形成一层有光泽的沥青膜。

马建友近照（摄于2018年3月21日）

路面大修期间，养路工更是辛苦，工程期一般持续大半年。我在工程队工作时，曾经参与过一次公路大修，我和另一个工友负责搬卸石料，那些石头又大又重，我们整整搬运了3个小时，真是累得够呛。

目前，我的主要工作是开清扫车清扫道路，一天可以清扫三十多公里路。清扫车的吸力很强，像手机那么大的砖头都能吸进去，塑料瓶和普通生活垃圾更不在话下，平均扫三公里路垃圾箱就满了，要倾倒。以前没人管，可以随处倒垃圾，现在讲求环保，垃圾要倒在垃圾场里，否则是要罚款的。

驾驶清扫车，司机需要考取大型货车驾驶证，单位会安排时间让我们练车考驾照。因为工作需要，我总共考了五种驾照，可以开拖拉机、铲车、手扶机、洒水车和扫路车。手扶机很小，如果控制不稳一打滑就会翻车，很危险。我还开过红头仔，红头仔是手扶机改装而成的，功能上没什么特别之处。以前的路又窄又烂，行车容易颠簸，十分考验驾驶员的技术，有些路段坡陡弯急，开车时一定要小心小心再小心。

风雨铸人生

在沥青队工作时，遇到大风大雨的恶劣天气，我们一般不用出去干活，不像道班工人，这种时候都要奋战在一线。2017年，强台风"天鸽"来袭，我们全体养路工人出动参与抢险。

台风来临前，我们已经到达现场，市民早已纷纷回家避难，马路上基本只有养路工人的身影。我亲眼目睹台风登陆的时候，树被吹倒，广告牌、铁皮被吹得满天飞，有的棚架上的铁皮板直接整个砸在地上，咣当作响。我们一边工作，一边祈祷千万不要出事故。

2017年8月，台风过后，养路工人在清理倒伏的路树

风雨肆虐,我们没有地方躲避,只能寻找一些看起来牢靠的支撑物,比如抱着没有被吹倒的大树。记得有一次,我抱着一棵树长达五六分钟,停在原地丝毫不敢乱动,生怕一松手,整个人会被风吹走,又怕漫天飞舞的杂物砸到自己。风停之后,我和同事一起收拾地上的铁皮,收完之后刚准备离开,风力突然加大,我们几个人加起来至少三百多斤,却被风牵扯着后退了五六米。在大自然的威力面前,人是多么的渺小啊。

我在公路局工作了三十六年,还有两年,我就要退休了。公路养护这份工作不仅改变了我的生活,也改变了社会环境。看着平安畅通的公路,整齐美观的绿化环境,我很高兴,这里面也有我一个平凡养路工的付出和贡献。

以班为家,以路为业,我一定会站好最后一班岗,用自己的行动来实践公路人"愿洒满腔血,甘当铺路石"的铮铮誓言。

朱育成

中山公路，未来可期

朱育成，1966年7月生，珠海市斗门镇人。1982年入职中山公路工区，现为三乡公路养护所在职养路工人。

16 岁的临时工

1982年，我作为临时工入职中山公路工区，当时我才16岁，没什么文化，能有份工作养活自己就觉得很满足了。临时工按日结算工资，最初我的日薪只有一元两毛钱，不过当时物价也低，我一个年轻人没什么家庭负担，一人吃饱全家不饿，所以也勉强够生活。

因为按日结算工资，请假休息那天就没有收入，一般没有什么事情我都不会休假。直到1989年，我们才开始有正式休假，每逢周日可以休息一天，到后来就实行双休了。

我刚工作时，工区有十几个道班，每个道班多则十几人，少则七八人。我所在的道班只有八个人，负责15公里路段的养护工作。我们每天中午有两个小时的休息时间，因为家住得比较近，我很少在道班吃饭，工作地点近我就走路回家，稍微远一点就骑自行车。年少不知愁滋味，日子虽苦，还算潇洒。

作为一线养路工人，要干的辛苦活有很多，手工炒沥青是我最怕的工作。以前条件艰苦，我们的工作用具除了一部手扶拖拉机，和尖锄、铁铲之类的劳动工具之外，没有其他辅助机器。因为工作基本靠人力，作业时手脚无法避免常有损伤。

炒沥青前需要先备料，几个人合作拿铁筛将铺路用的沙子筛选出来，在路边铺开晒干，再用手推车运回仓库备用。备料的工序算是很轻松了，炒沥青才是真正考验人的时候，期间几乎不能休息。翻炒沥青时，锅里会冒出阵阵黑烟，"毒"气熏人，我最受不了这个味道；翻炒时的声音很大，嘣嘣嚓嚓响；温度也很高，一不小心就会烫伤手脚。我们经常热得大汗淋漓，整个人被熏得黑魆魆，像是从煤炭堆里捞出来的一样。

过去没有防护意识的时候，我们都是随便拿件破衣服遮掩一下口鼻，就开始干活了，对身体造成的伤害很大，甚至有工友因此落下了病症。

现在炒沥青已经全部实现了机械化，可以用烘干机烘干沙子备料，还有专门炒沥青和摊铺沥青的机器，工作起来轻松多了。

小修、中修、大修

我们的日常工作十分繁琐，包括修补坑槽、日常养护、路面清洁绿化等大小十几项，每天的工作流程不固定，由班长随机安排。

不同路段的路况各有不同，路面维修要因地制宜。沥青路底层是由石粉和水泥混合而成的，不如混凝土那么坚硬，遇到大雨、或者长时间下雨的天气，道路底层一渗水就容易破烂，只有等到晴天才能修补。我们要清理干净那些被水浸坏的地方，在上面铺一层水泥石粉并压实，最后重新铺一层沥青。沥青路既怕水也怕油，有的载油车路过，不小

2008年6月,省道S111线民众路段上,养路工人在进行公路养护作业

心将一整车油洒漏在地,整条路都是油,滑溜溜的,这种情况最棘手,我们只能拿一些木屑、沙土铺在路上吸油,尽快让过往车辆通行,之后再检查路段状况进行修补。

近几年,车流量成几倍地增多,超载现象严重。有些拖车单车头就有几十吨,车一压过去,路面承受不了重量,就会爆裂形成很深的坑槽,需要立刻维修。

我们平常的养护工作属于小修,此外还有中修和大修。中修是在道路使用一定时间之后,对公路及其沿线设施的一般性损坏部分进行定期的修理加固。大修是对路面的较大损坏部分进行周期性的综合彻底的修复。大修和中修都需要围闭封路,小修小补临时封闭一条车道就可以了。每条道路的寿命都有期限,到了大修的时候,我们需要向上级部门请示，待申请通过、批复款项之后，再正式开始大修工作，大修通常由外聘的专业工程队负责。

亡羊补牢，为时未晚，但更重要的是防患于未然，做好日常的预防维护，在刚有起坑槽的迹象时就尽早修补，不让问题扩大。公路局有专门的巡查组每天巡查道路，一发现问题就立刻通知相应道班处理。我们还有专门的应急班，24小时候命。中山的好路率几乎高达百分之百，与我们平时注重预防维护是分不开的。

修路却被"吐口水"

机械化的进步，给养路工作带来了极大的便利。以前做一周的工作，现在一天就搞定了。过去修补坑槽时，由专门的技术人员绘制图纸，我们依据路况用尖锄挖掘，深度至少三四十厘米，上面那层沥青像水泥一样坚硬，挖一个坑需要几个小时甚至一天的时间，工作效率很低，

2018年3月，国道G105线东凤路段上，养护工人在进行绿化修剪

现在用机器一打、一撬就好了。

我入行时，修剪树枝杂草全部靠人工，现在有打草机，还有除草剂。我刚参加工作的时候，除了马尾松，道路旁几乎没有需要绿化的植物。现在中山的绿化经过规划，花卉品种更多，整体设计更加美观。为了保持美观，草坪和花带需要定期手工清除杂草，而且不能使用除草剂。有的花卉周期较短，一旦没有及时处理虫害，就会干枯死掉，这时可以申请拨款重新种植。树木也同理，这些绿化植物都不是随便种的。

以前修剪树木杂草的时候，很多村民会捡树枝回家当柴火烧饭，我们压根不用考虑后续清理的问题，村民已经打扫得干干净净，一片树叶都不会剩下。天然气普及之后，没有人烧柴了，剪下来的树枝也没有人要，我们清理之后也犯难，要请示领导如何安放处理，这涉及环保问题，原来简单的问题现在变得难办了。

随着人们生活水平的提高，车流量成几何数地增长。车一多，人们的文明素质却未必跟得上。有些人的素质很差，坐车时直接将一整包垃圾从车上扔出来，或者吃完东西将剩下的塑料袋向车外丢。养路工即便有三头六臂，也很难跟得上这种"破坏速度"。马路这么漂亮，希望大家共同爱护珍惜。

有时修路需要封闭车道，一些司机对此很反感，会向养路工人口出恶言，甚至动手动脚。有一次我在三乡修路时，因为车道封闭造成交通拥堵，司机向我们吐口水。我们也很委屈，不修路不好走，市民要投诉，施工时又骂我们影响交通，真是吃力不讨好啊。

狂风中抢修

遇到台风天，养护所的全体员工要随时待命，准备外出抢险。人们有时在新闻报道中看到我们站在路边吃饭，这真不是作秀，我们忙

2018年4月，朱育成在麻斗至古鹤路段疏通排水设施

到根本没有时间回家吃饭，一般匆匆填饱肚子后就要继续干活。连续工作十五六个小时都是平常事，我还曾有过昼夜不休、连续工作24小时的经历。

1983年，中山遭遇了一场威力很大的台风。很多大树被吹倒横卧在路中央，被雨打湿的树干又粗又重，很难搬动。为了疏通道路，我们只能把树干锯成一段段运走，当时没有电锯，都是用手动的锯子一点点慢慢锯，一棵树要锯很久。幸好那时车流量不大，否则我们的工作更是雪上加霜。

还有2017年的台风"天鸽"，我早上出门的时候还没什么风，待风势越来越猛烈的时候，我正在路上。铁片树枝被吹得满街飞，广告牌都被刮了下来，情况十分危险。道路封闭，也没法走回头路，那是我入行三十几年遇到过最危险的一次情况，人仿佛要被风卷到天上。我和几位工友就近找了一个地方暂避，等到风势稍弱的时候再出去作业。

台风过后遍地都是垃圾，有的路段损毁严重，清理的工作量和难度很大。我们先将一些小型障碍物用车运走，把大树搬到路边，清理出一条车道，保证通车之后再慢慢清理路面。现在有电锯，处理倒树的速度比以前快了很多，就是搬运工作跟不上，因为倒树实在是太多了。我们三乡养护所负责的路段是重灾区，其他道班还抽调人手前来支援，抢险工作持续了一个多月。

未来可期

随着时代的发展，工作的机械化程度越来越高。我们要学习操作机械，公路局给员工提供了很多培训机会，鼓励我们考取中级、高级等从业资格证。临时工每多考取一个证，每个月可以多20元补贴，考上高级资格证每月有400元的补贴；考取大车驾驶证每个月加薪400元，小车驾驶证每月加薪200元。

这几年公路的变化很大，路面宽阔了不少，路灯也多了很多。东升到沙朗路段建了一条快线，很好地解决了交通拥堵问题。

二十世纪九十年代中后期，公路局实行大道班改革，道班合并之后，我们的工作场地变化很大。以前小道班只有几亩地，现在十几二十亩地，建有漂亮宽敞的饭堂。员工就餐还有补贴，自己只用出两元钱。以前没有工作服、工作鞋、手套之类的装备，有需要只能自己买。近20年条件不断改善，现在有免费的工作服发放，穿破了可以申请换领新的。我的工作服很耐穿，一般穿几个月才会更换。除了工作服，工作鞋、工作帽、手套、雨靴、雨衣、头盔这些基本装备都很齐全。

我快退休了，从入行到现在，也算有些成绩。我转正成为正式职工，

公路里的中山
中山公路建设亲历者口述回忆

朱育成近照（摄于2018年3月21日）

以前的工资养活自己都够呛，现在能够用工资负担一家人的开销。我供两个儿子读完大学，退休后还有退休金，这是当初想都不敢想的事。

  我最欣慰的是看到公路的发展越来越好，尽管车流量与日俱增，但基本不会拥堵，市民出行方便多了，我觉得自己的工作很有意义。以前我们是没有文化、为谋生计才来做这一行，现在做养路工作对学历也有了要求。新一代的年轻人手脚灵活，脑瓜也灵活，比我们年轻的时候强多了，中山公路的未来全靠他们了。

莫雪丽

家庭主妇到"路痴"的十六年

莫雪丽，1970年7月生，中山市三乡镇人。2002年入职三乡公路养护所工作，2016年退休，现为三乡公路养护所退休返聘人员。

因为一份工，丢了两辆车

我是中山市三乡镇塘敢村人。到公路局工作之前，我是一名家庭主妇，孩子上小学四年级之后，家务事相对没那么忙碌，我决定出来找份工作补贴家用。2002年，我经人介绍进入三乡公路养护所，成为了一名临时养路工，负责雍古线Y003全线、肖前线Y008全线、勒金线S268部分路段的路面清洁工作。

在养护所工作没多久，我就动了辞职的念头，原因倒不是工作有多辛苦，而是我在工作时丢了两部自行车。第一次丢车是在三乡古鹤小桃园，我用一条小锁链锁住自行车停在路边，然后回身清扫街道，大概走了五六百米远，回来之后就发现自行车不见了。第二次丢车也是在工作时，那天已经临近下班时间，天空下着小雨，眼见只剩二十多米的马路没清扫，我想着赶紧完成任务就可以回家了，便把车停在

2013年1月,莫雪丽获得"2012感动中山年度人物"荣誉称号

2018年4月,莫雪丽在勒金线路段清捡垃圾

一旁的人行道，也没有上锁，车上放着一把砍刀和一件雨衣。仅仅二十米的距离，等我扫完地回头，发现自行车又被偷了。

工作了一天，我又累又饿，车没了，雨衣也被一并偷走了，我只能拖着扫把，一路冒雨走回家。买一辆自行车要花一百多元，是我大半个月的工资，因为这一份工作被偷了两辆自行车，实在是很不值。我心里越想越难过，第二天就跟同事说想辞职，同事劝我："你辞了这份工作不还是要找新的工作？在这里起码工资稳定，可以维持生活，再出去找也不一定能有这么合适的工作了，你要考虑清楚。"经过一番思想斗争，我冷静下来，决定继续留在公路局。后来，我买了一辆六十元钱的二手自行车代步，并吸取之前的教训变得格外小心，这辆自行车一直用到了现在。

铁锹、扫把与绿篱剪

每天早上 7 点半，我都会带好装备：一把绿篱剪、一只铁锹和五尺扫把准时出现在自己负责的路段，十几年如一日，风雨无阻。我经常自愿加班，有时回到家晚上八九点，家里人已经吃完饭了。因为投入在工作上的时间太多，对家庭的照顾自然就少了，有时我忙到没时间给孩子好好做顿饭，只能煮点公仔面让他们凑合填饱肚子。女儿因此埋怨过我，丈夫也曾劝我辞职，换一份轻松点的工作，但是我真的没办法放下这份工作，这么多年来，我对它的感情已经太深太深。

我很喜欢这份工作，也格外珍惜在这个岗位的每一天，再小的任务我都会尽自己所能做好它。领导信任我不会偷懒，基本从不监督我的工作，还夸我："你把公路收拾的比家里还干净。"同事也给我起了个外号，叫"路痴"，此"路痴"非彼"路痴"，意为"爱路如痴"。

我负责的路段种满了木棉花树，木棉花开的季节就是我一年中最

2012年5月,莫雪丽在省道S268勒金线三乡塘敢路段上进行绿化养护

忙碌的时候,刚收拾完这边树下的落花,那边的花又掉下来了,一次花期,我一个人能收几百斤的木棉花。有人说:"你做到这么晚干嘛?又没有人看着你,人家都回去吃饭了,垃圾天天都有,收也收不完呀……"我听完只是笑笑不说话,这是我的工作,就算没有人监督,我也必须尽自己的能力和责任完成好。

在肖前线路段通往珠海方向的车道旁,有一条近百米长的水沟,由于长时间无人清理,水沟内淤积着黄泥、粪便还有各种垃圾,散发出阵阵恶臭,让人恶心得想吐。我看在眼里急在心里,尽管这条水沟不在我的管养范围之内,我还是主动承担起它的清洁工作。我挽起裤脚跳下水沟,一个人拿着铁铲,慢慢把那些秽物铲上来,还请养护所的同事开车过来帮忙运走这些垃圾污泥。经过一个多月的努力,终于成功疏通了这条水沟。

路面沙井清理由其他同事负责，我只负责下雨的时候排水、清理水沟垃圾。有时候沙井盖坏了或者路面出现破损，为了过往行人和车辆的安全，我会在一旁放好施工牌，站在边上指挥车辆通行。我没有学过专门的交通指挥动作，这虽然不是我分内的工作，但在我负责的路段上，我就有义务做这件事。

台风无情人有情

每到台风天，养路的工作量就成倍增加，无论风雨多大，我们都要背着沉甸甸的工作包外出清扫路面。下大雨时，一件薄薄的雨衣根本起不了什么作用，我们经常被淋得浑身湿透。

长期高强度的户外工作还使我落下了脚痛、风湿痛的毛病，每到阴雨天，我的脚和膝盖就疼痛难忍。

2017年8月22日，也就是"天鸽"登陆的前一天，那天特别闷热，养护所领导还到工地给我们送饮料慰问。第二天早上我如常上班，后来风越刮越大，垃圾被吹得漫天飞舞，我一个人走在路上，感觉自己随时都会被风吹走，站都站不稳，只能抓住路边的花基勉强维持平衡。这时养护所的领导驱车经过，赶忙停车对我喊道："这么大的风，你先回去！"但是我哪敢放开花基呢，回家还有那么长的路，我也没法走回去啊。领导看我站在原地不动，又说："我就是来接你回去的，你坐我的车先到肖家村车站避一避，等风势弱一点再回家。"我心里感到特别温暖，遇到这种天气，领导还惦记着一个在外工作的一线工人。我暗自下定决心，一定要在这个岗位好好坚持下去。

一地鸡屎

肖前线路段上有一个大型布匹市场，行人车辆川流不息，那一带的卫生环境很是糟糕。布匹市场外有棵木棉花树，树下有个四方形的小花坛，扫地的人太懒，为图方便，把花坛当做垃圾池，经常将垃圾倒进花坛里。布匹店的垃圾大多是些碎布线头，这些线头布絮极易粘在花草上，很难清理。

　　附近还有一个食品店的老板特别难缠，这家店旁不到10米就有一个垃圾池，但老板就是喜欢将垃圾直接倒在路边。我好言提醒他："我刚刚扫完地，你又倒出来，这样会影响我的工作啊。以后能不能在我清扫之前将垃圾倒出来？"他却强词夺理道："你是扫地的，就是捡垃圾的咯，我不把垃圾倒出来你有得捡吗？有得开工吗？"我听了心里很不是滋味，但没有和他计较。每天下班后，我会去那家店附近再转转，如果有垃圾就打扫干净。那位老板看到之后估计有些不好意思，有时也会自觉把垃圾丢去垃圾池，想必我的话多少起了点作用吧。

　　现在那条路段的清理工作不再由我负责，但有空时，我偶尔会过去清清花坛，扫扫街道，我在那里工作了很长时间，对那条街已经有感情了。

　　工作十几年来，我碰到过各种惊险奇特的事故和意外。有一次我正在路面扫地，一辆大货车从旁经过，我一抬头发现不得了，车上的货物居然着火了！火势不小，火苗蹿得很高，车过之处把路边木棉花树的树叶都烧焦了，司机却完全没有察觉。我马上跑过去，示意司机停车，告诉他货物着火了。司机下车一看十分慌张，我让他赶紧去路边的菜田向菜农借两个桶，提水把火浇灭，我还打了119报警，幸运的是，消防车来之前司机自己就灭了火，不过他也许吓坏了，没有和我说一声谢谢就开车走了。

　　还有一次，一辆满载着鸡屎的货车经过，司机可能要把鸡屎送去种植园做肥料，但货装得太高太满，一袋袋鸡屎从车上掉了下来，有一些袋子的包装破了，洒了一地鸡屎，湿乎乎地粘在路面，那个场面真的很恶心,又臭又脏。我让司机停车帮忙清理,可是他头也不回,径直开车走了。我只能自己上手,把那些包装完好的鸡屎一袋袋拖到马路边上,用铲子把地上散落的鸡屎铲走,最后用水把路面冲洗干净。

出门在外,安全第一,素质第二。我希望大家在注意出行安全的同时,也能讲文明、守公德,多多体谅一线工人的辛苦劳动。

不被辜负的坚持

2016年我退休后,局里返聘我回养护所工作,迄今已有两年了。返聘后我负责勒金线路段的清洁工作,平时只用扫扫地、清理一下周

国道 G105 线三乡路段

围的水沟。和以前相比，现在的任务变得容易轻松很多，如果水沟里的垃圾很少，几个月清理一次就够了。

多年来勤勤恳恳的工作，我也有幸收获了一些荣誉。前几年，我被评为"中国好人""中山好人""中山市道德模范"，还接受了上海东方卫视《大爱东方》节目组的采访。2014年，局里以我为主人公拍摄了一部微电影：《公路养护女工莫雪丽》，这部微电影获得了中山市"中国梦·我的梦"微电影大赛的评委特别奖。

我只是一个平凡的一线工人，文化程度不高，在公路局工作的时间也不长，单位里比我努力、比我有成就的人还有很多，我只能尽自己所能做好工作，才算不辜负这些荣誉背后的认可与肯定吧。